I0142674

ALBANAIS

VOCABULAIRE

FRANÇAIS
ALBANAIS

Les mots les plus utiles
Pour enrichir votre vocabulaire et aiguiser
vos compétences linguistiques

7000 mots

Vocabulaire Français-Albanais pour l'autoformation - 7000 mots

Par Andrey Taranov

Les dictionnaires T&P Books ont pour but de vous aider à apprendre, à mémoriser et à réviser votre vocabulaire en langue étrangère. Ce dictionnaire thématique couvre tous les grands domaines du quotidien: l'économie, les sciences, la culture, etc ...

Acquérir du vocabulaire avec les dictionnaires thématiques T&P Books vous offre les avantages suivants:

- Les données d'origine sont regroupées de manière cohérente, ce qui vous permet une mémorisation lexicale optimale
- La présentation conjointe de mots ayant la même racine vous permet de mémoriser des groupes sémantiques entiers (plutôt que des mots isolés)
- Les sous-groupes sémantiques vous permettent d'associer les mots entre eux de manière logique, ce qui facilite votre consolidation du vocabulaire
- Votre maîtrise de la langue peut être évaluée en fonction du nombre de mots acquis

T&P Books Publishing
www.tpbooks.com

ISBN: 978-1-78767-061-7

Ce livre existe également en format électronique.
Pour plus d'informations, veuillez consulter notre site: www.tpbooks.com ou rendez-vous sur ceux des grandes librairies en ligne.

VOCABULAIRE ALBANAIS POUR L'AUTOFORMATION
Dictionnaire thématique

Les dictionnaires T&P Books ont pour but de vous aider à apprendre, à mémoriser et à réviser votre vocabulaire en langue étrangère. Ce lexique présente, de façon thématique, plus de 7000 mots les plus fréquents de la langue.

- Ce livre comporte les mots les plus couramment utilisés
- Son usage est recommandé en complément de l'étude de toute autre méthode de langue
- Il répond à la fois aux besoins des débutants et à ceux des étudiants en langues étrangères de niveau avancé
- Il est idéal pour un usage quotidien, des séances de révision ponctuelles et des tests d'auto-évaluation
- Il vous permet de tester votre niveau de vocabulaire

Spécificités de ce dictionnaire thématique:

- Les mots sont présentés de manière sémantique, et non alphabétique
- Ils sont répartis en trois colonnes pour faciliter la révision et l'auto-évaluation
- Les groupes sémantiques sont divisés en sous-groupes pour favoriser l'apprentissage
- Ce lexique donne une transcription simple et pratique de chaque mot en langue étrangère

Ce dictionnaire comporte 198 thèmes, dont:

les notions fondamentales, les nombres, les couleurs, les mois et les saisons, les unités de mesure, les vêtements et les accessoires, les aliments et la nutrition, le restaurant, la famille et les liens de parenté, le caractère et la personnalité, les sentiments et les émotions, les maladies, la ville et la cité, le tourisme, le shopping, l'argent, la maison, le foyer, le bureau, la vie de bureau, l'import-export, le marketing, la recherche d'emploi, les sports, l'éducation, l'informatique, l'Internet, les outils, la nature, les différents pays du monde, les nationalités, et bien d'autres encore ...

TABLE DES MATIÈRES

GUIDE DE PRONONCIATION

Alphabet phonétique T&P	Exemple en albanais	Exemple en français
[a]	flas [flas]	classe
[e], [ɛ]	melodi [mɛlodí]	poète
[ə]	kërkoj [kərkój]	record
[i]	pikë [píkə]	stylo
[o]	motor [motór]	normal
[u]	fuqi [fucí]	boulevard
[y]	myshk [myʃk]	Portugal
[b]	brakë [brákə]	bureau
[c]	oqean [ocɛán]	corse - machja
[d]	adoptoj [adoptój]	document
[dz]	lexoj [lɛdzój]	pizza
[dʒ]	xham [dʒam]	adjoint
[ð]	dhomë [ðómə]	consonne fricative dentale voisée
[f]	i fortë [i fórtə]	formule
[g]	bullgari [buɫgarí]	gris
[h]	jaht [jáht]	[h] aspiré
[j]	hyrje [hýrjɛ]	maillot
[ɟ]	zgjedh [zɟɛð]	Dieu
[k]	korik [korík]	bocal
[l]	lëviz [ləvíz]	vélo
[ɫ]	shkallë [ʃkáɫə]	lit
[m]	medalje [mɛdáljɛ]	minéral
[n]	klan [klan]	ananas
[ɲ]	spanjoll [spaɲóɫ]	canyon
[ŋ]	trung [truŋ]	parking
[p]	polici [politsí]	panama
[r]	i erët [i érət]	racine, rouge
[ɾ]	groshë [grófə]	espagnol - pero
[s]	spital [spitál]	syndicat
[ʃ]	shes [ʃɛs]	chariot
[t]	tapet [tapét]	tennis
[ts]	batica [batítsa]	gratte-ciel
[tʃ]	kaçube [katʃúbɛ]	match
[v]	javor [javór]	rivière
[z]	horizont [horizónt]	gazeuse
[ʒ]	kuzhinë [kuʒínə]	jeunesse
[θ]	përkthej [pərkθéj]	consonne fricative dentale sourde

ABRÉVIATIONS
employées dans ce livre

Abréviations en français

adj	-	adjective
adv	-	adverbe
anim.	-	animé
conj	-	conjonction
dénombr.	-	dénombrable
etc.	-	et cetera
f	-	nom féminin
f pl	-	féminin pluriel
fam.	-	familiar
fem.	-	féminin
form.	-	formal
inanim.	-	inanimé
indénombr.	-	indénombrable
m	-	nom masculin
m pl	-	masculin pluriel
m, f	-	masculin, féminin
masc.	-	masculin
math	-	mathematics
mil.	-	militaire
pl	-	pluriel
prep	-	préposition
pron	-	pronom
qch	-	quelque chose
qn	-	quelqu'un
sing.	-	singulier
v aux	-	verbe auxiliaire
v imp	-	verbe impersonnel
vi	-	verbe intransitif
vi, vt	-	verbe intransitif, transitif
vp	-	verbe pronominal
vt	-	verbe transitif

Abréviations en albanais

f	-	nom féminin
m	-	nom masculin
pl	-	pluriel

CONCEPTS DE BASE

Concepts de base. Partie 1

1. Les pronoms

je	Unë, mua	[unə], [múa]
tu	ti, ty	[ti], [ty]
il	ai	[aí]
elle	ajo	[ajó]
ça	ai	[aí]
nous	ne	[nɛ]
vous	ju	[ju]
ils	ata	[atá]
elles	ato	[ató]

2. Adresser des vœux. Se dire bonjour. Se dire au revoir

Bonjour! (fam.)	Përshëndetje!	[pərʃəndétjɛ!]
Bonjour! (form.)	Përshëndetje!	[pərʃəndétjɛ!]
Bonjour! (le matin)	Mirëmëngjes!	[mirəmənɟés!]
Bonjour! (après-midi)	Mirëdita!	[mirədíta!]
Bonsoir!	Mirëmbrëma!	[mirəmbréma!]
dire bonjour	përshëndes	[pərʃəndés]
Salut!	Ç'kemi!	[tʃ'kémi!]
salut (m)	përshëndetje (f)	[pərʃəndétjɛ]
saluer (vt)	përshëndes	[pərʃəndés]
Comment allez-vous?	Si jeni?	[si jéni?]
Comment ça va?	Si je?	[si jɛ?]
Quoi de neuf?	Çfarë ka të re?	[tʃfárə ká tə ré?]
Au revoir! (form.)	Mirupafshim!	[mirupáfʃim!]
Au revoir! (fam.)	U pafshim!	[u páfʃim!]
À bientôt!	Shihemi së shpejti!	[ʃíhɛmi sə ʃpéjti!]
Adieu!	Lamtumirë!	[lamtumírə!]
dire au revoir	përshëndetem	[pərʃəndétɛm]
Salut! (À bientôt!)	Tungjatjeta!	[tunɟatjéta!]
Merci!	Faleminderit!	[falɛmindérit!]
Merci beaucoup!	Faleminderit shumë!	[falɛmindérit ʃúmə!]
Je vous en prie	Të lutem	[tə lútɛm]
Il n'y a pas de quoi	Asgjë!	[asɟé!]
Pas de quoi	Asgjë	[asɟé]

Excuse-moi!	Më fal!	[mə fal!]
Excusez-moi!	Më falni!	[mə fálni!]
excuser (vt)	fal	[fal]

s'excuser (vp)	kërkoj falje	[kərkój fáljɛ]
Mes excuses	Kërkoj ndjesë	[kərkój ndjésə]
Pardonnez-moi!	Më vjen keq!	[mə vjɛn kɛc!]
pardonner (vt)	fal	[fal]
C'est pas grave	S'ka gjë!	[s'ka ɟə!]
s'il vous plaît	të lutem	[tə lútɛm]

N'oubliez pas!	Mos harro!	[mos haró!]
Bien sûr!	Sigurisht!	[siguríʃt!]
Bien sûr que non!	Sigurisht që jo!	[siguríʃt cə jo!]
D'accord!	Në rregull!	[nə réguɬ!]
Ça suffit!	Mjafton!	[mjaftón!]

3. Les nombres cardinaux. Partie 1

zéro	zero	[zéro]
un	një	[ɲə]
deux	dy	[dy]
trois	tre	[trɛ]
quatre	katër	[kátər]

cinq	pesë	[pésə]
six	gjashtë	[ɟáʃtə]
sept	shtatë	[ʃtátə]
huit	tetë	[tétə]
neuf	nëntë	[nəntə]

dix	dhjetë	[ðjétə]
onze	njëmbëdhjetë	[ɲəmbəðjétə]
douze	dymbëdhjetë	[dymbəðjétə]
treize	trembëdhjetë	[trɛmbəðjétə]
quatorze	katërmbëdhjetë	[katərmbəðjétə]

quinze	pesëmbëdhjetë	[pɛsəmbəðjétə]
seize	gjashtëmbëdhjetë	[ɟaʃtəmbəðjétə]
dix-sept	shtatëmbëdhjetë	[ʃtatəmbəðjétə]
dix-huit	tetëmbëdhjetë	[tɛtəmbəðjétə]
dix-neuf	nëntëmbëdhjetë	[nəntəmbəðjétə]

vingt	njëzet	[ɲəzét]
vingt et un	njëzet e një	[ɲəzét ɛ ɲə]
vingt-deux	njëzet e dy	[ɲəzét ɛ dy]
vingt-trois	njëzet e tre	[ɲəzét ɛ trɛ]

trente	tridhjetë	[triðjétə]
trente et un	tridhjetë e një	[triðjétə ɛ ɲə]
trente-deux	tridhjetë e dy	[triðjétə ɛ dy]
trente-trois	tridhjetë e tre	[triðjétə ɛ trɛ]
quarante	dyzet	[dyzét]
quarante et un	dyzet e një	[dyzét ɛ ɲə]

| quarante-deux | dyzet e dy | [dyzét ɛ dy] |
| quarante-trois | dyzet e tre | [dyzét ɛ trɛ] |

cinquante	pesëdhjetë	[pɛsəðjétə]
cinquante et un	pesëdhjetë e një	[pɛsəðjétə ɛ ɲə]
cinquante-deux	pesëdhjetë e dy	[pɛsəðjétə ɛ dy]
cinquante-trois	pesëdhjetë e tre	[pɛsəðjétə ɛ trɛ]

soixante	gjashtëdhjetë	[ɟaʃtəðjétə]
soixante et un	gjashtëdhjetë e një	[ɟaʃtəðjétə ɛ ɲə]
soixante-deux	gjashtëdhjetë e dy	[ɟaʃtəðjétə ɛ dý]
soixante-trois	gjashtëdhjetë e tre	[ɟaʃtəðjétə ɛ tré]

soixante-dix	shtatëdhjetë	[ʃtatəðjétə]
soixante et onze	shtatëdhjetë e një	[ʃtatəðjétə ɛ ɲə]
soixante-douze	shtatëdhjetë e dy	[ʃtatəðjétə ɛ dy]
soixante-treize	shtatëdhjetë e tre	[ʃtatəðjétə ɛ trɛ]

quatre-vingts	tetëdhjetë	[tɛtəðjétə]
quatre-vingt et un	tetëdhjetë e një	[tɛtəðjétə ɛ ɲə]
quatre-vingt deux	tetëdhjetë e dy	[tɛtəðjétə ɛ dy]
quatre-vingt trois	tetëdhjetë e tre	[tɛtəðjétə ɛ trɛ]

quatre-vingt-dix	nëntëdhjetë	[nəntəðjétə]
quatre-vingt et onze	nëntëdhjetë e një	[nəntəðjétə ɛ ɲə]
quatre-vingt-douze	nëntëdhjetë e dy	[nəntəðjétə ɛ dy]
quatre-vingt-treize	nëntëdhjetë e tre	[nəntəðjétə ɛ trɛ]

4. Les nombres cardinaux. Partie 2

cent	njëqind	[ɲəcínd]
deux cents	dyqind	[dycínd]
trois cents	treqind	[trɛcínd]
quatre cents	katërqind	[katərcínd]
cinq cents	pesëqind	[pɛsəcínd]
six cents	gjashtëqind	[ɟaʃtəcínd]
sept cents	shtatëqind	[ʃtatəcínd]
huit cents	tetëqind	[tɛtəcínd]
neuf cents	nëntëqind	[nəntəcínd]

mille	një mijë	[ɲə míjə]
deux mille	dy mijë	[dy míjə]
trois mille	tre mijë	[trɛ míjə]
dix mille	dhjetë mijë	[ðjétə míjə]
cent mille	njëqind mijë	[ɲəcínd míjə]
million (m)	milion (m)	[milión]
milliard (m)	miliardë (f)	[miliárdə]

5. Les nombres. Fractions

| fraction (f) | thyesë (f) | [θýɛsə] |
| un demi | gjysma | [ɟýsma] |

un tiers	një e treta	[ɲə ɛ tréta]
un quart	një e katërta	[ɲə ɛ kátərta]
un huitième	një e teta	[ɲə ɛ téta]
un dixième	një e dhjeta	[ɲə ɛ ðjéta]
deux tiers	dy të tretat	[dy tə trétat]
trois quarts	tre të katërtat	[trɛ tə kátərtat]

6. Les nombres. Opérations mathématiques

soustraction (f)	zbritje (f)	[zbrítjɛ]
soustraire (vt)	zbres	[zbrɛs]
division (f)	pjesëtim (m)	[pjɛsətím]
diviser (vt)	pjesëtoj	[pjɛsətój]
addition (f)	mbledhje (f)	[mbléðjɛ]
additionner (vt)	shtoj	[ʃtoj]
ajouter (vt)	mbledh	[mbléð]
multiplication (f)	shumëzim (m)	[ʃuməzím]
multiplier (vt)	shumëzoj	[ʃuməzój]

7. Les nombres. Divers

chiffre (m)	shifër (f)	[ʃífər]
nombre (m)	numër (m)	[númər]
adjectif (m) numéral	numerik (m)	[numɛrík]
moins (m)	minus (m)	[minús]
plus (m)	plus (m)	[plus]
formule (f)	formulë (f)	[formúlə]
calcul (m)	llogaritje (f)	[ɬogarítjɛ]
compter (vt)	numëroj	[numərój]
calculer (vt)	llogaris	[ɬogarís]
comparer (vt)	krahasoj	[krahasój]
Combien?	Sa?	[sa?]
somme (f)	shuma (f)	[ʃúma]
résultat (m)	rezultat (m)	[rɛzultát]
reste (m)	mbetje (f)	[mbétjɛ]
quelques …	disa	[disá]
peu de …	pak	[pak]
peu de … (dénombr.)	disa	[disá]
peu de … (indénombr.)	pak	[pak]
reste (m)	mbetje (f)	[mbétjɛ]
un et demi	një e gjysmë (f)	[ɲə ɛ ɟýsmə]
douzaine (f)	dyzinë (f)	[dyzínə]
en deux (adv)	përgjysmë	[pəɾɟýsmə]
en parties égales	gjysmë për gjysmë	[ɟýsmə pəɾ ɟýsmə]
moitié (f)	gjysmë (f)	[ɟýsmə]
fois (f)	herë (f)	[hérə]

8. Les verbes les plus importants. Partie 1

aider (vt)	ndihmoj	[ndihmój]
aimer (qn)	dashuroj	[daʃurój]
aller (à pied)	ec në këmbë	[ɛts nə kə́mbə]
apercevoir (vt)	vërej	[vəréj]
appartenir à …	përkas …	[pərkás …]
appeler (au secours)	thërras	[θərás]
attendre (vt)	pres	[prɛs]
attraper (vt)	kap	[kap]
avertir (vt)	paralajmëroj	[paralajmərój]
avoir (vt)	kam	[kam]
avoir confiance	besoj	[bɛsój]
avoir faim	kam uri	[kam urí]
avoir peur	kam frikë	[kam fríkə]
avoir soif	kam etje	[kam étjɛ]
cacher (vt)	fsheh	[fʃéh]
casser (briser)	ndahem	[ndáhɛm]
cesser (vt)	ndaloj	[ndalój]
changer (vt)	ndryshoj	[ndryʃój]
chasser (animaux)	dal për gjah	[dál pər ɟáh]
chercher (vt)	kërkoj …	[kərkój …]
choisir (vt)	zgjedh	[zɟɛð]
commander (~ le menu)	porosis	[porosís]
commencer (vt)	filloj	[fiɫój]
comparer (vt)	krahasoj	[krahasój]
comprendre (vt)	kuptoj	[kuptój]
compter (dénombrer)	numëroj	[numərój]
compter sur …	mbështetem …	[mbəʃtétɛm …]
confondre (vt)	ngatërroj	[ŋatərój]
connaître (qn)	njoh	[ɲóh]
conseiller (vt)	këshilloj	[kəʃiɫój]
continuer (vt)	vazhdoj	[vaʒdój]
contrôler (vt)	kontrolloj	[kontroɫój]
courir (vi)	vrapoj	[vrapój]
coûter (vt)	kushton	[kuʃtón]
créer (vt)	krijoj	[krijój]
creuser (vt)	gërmoj	[gərmój]
crier (vi)	bërtas	[bərtás]

9. Les verbes les plus importants. Partie 2

décorer (~ la maison)	zbukuroj	[zbukurój]
défendre (vt)	mbroj	[mbrój]
déjeuner (vi)	ha drekë	[ha drékə]
demander (~ l'heure)	pyes	[pýɛs]

demander (de faire qch)	pyes	[pýɛs]
descendre (vi)	zbres	[zbrɛs]
deviner (vt)	hamendësoj	[hamɛndəsój]
dîner (vi)	ha darkë	[ha dárkə]
dire (vt)	them	[θɛm]
diriger (~ une usine)	drejtoj	[drɛjtój]
discuter (vt)	diskutoj	[diskutój]

donner (vt)	jap	[jap]
donner un indice	aludoj	[aludój]
douter (vt)	dyshoj	[dyʃój]
écrire (vt)	shkruaj	[ʃkrúaj]
entendre (bruit, etc.)	dëgjoj	[dəɟój]

entrer (vi)	hyj	[hyj]
envoyer (vt)	dërgoj	[dərgój]
espérer (vi)	shpresoj	[ʃprɛsój]
essayer (vt)	përpiqem	[pərpícɛm]

être (vi)	jam	[jam]
être d'accord	bie dakord	[bíɛ dakórd]
être nécessaire	nevojitet	[nɛvojítɛt]
être pressé	nxitoj	[ndzitój]

étudier (vt)	studioj	[studiój]
excuser (vt)	fal	[fal]
exiger (vt)	kërkoj	[kərkój]
exister (vi)	ekzistoj	[ɛkzistój]
expliquer (vt)	shpjegoj	[ʃpjɛgój]

faire (vt)	bëj	[bəj]
faire tomber	lëshoj	[ləʃój]
finir (vt)	përfundoj	[pərfundój]
garder (conserver)	mbaj	[mbáj]
gronder, réprimander (vt)	qortoj	[cortój]

informer (vt)	informoj	[informój]
insister (vi)	këmbëngul	[kəmbəŋúl]
insulter (vt)	fyej	[fýɛj]
inviter (vt)	ftoj	[ftoj]
jouer (s'amuser)	luaj	[lúaj]

10. Les verbes les plus importants. Partie 3

libérer (ville, etc.)	çliroj	[tʃlirój]
lire (vi, vt)	lexoj	[lɛdzój]
louer (prendre en location)	marr me qira	[mar mɛ cirá]
manquer (l'école)	humbas	[humbás]
menacer (vt)	kërcënoj	[kərtsənój]

mentionner (vt)	përmend	[pərménd]
montrer (vt)	tregoj	[trɛgój]
nager (vi)	notoj	[notój]
objecter (vt)	kundërshtoj	[kundərʃtój]

observer (vt)	vëzhgoj	[vəʒgój]
ordonner (mil.)	urdhëroj	[urðərój]
oublier (vt)	harroj	[harój]
ouvrir (vt)	hap	[hap]
pardonner (vt)	fal	[fal]
parler (vi, vt)	flas	[flas]

participer à ...	marr pjesë	[mar pjésə]
payer (régler)	paguaj	[pagúaj]
penser (vi, vt)	mendoj	[mɛndój]
permettre (vt)	lejoj	[lɛjój]
plaire (être apprécié)	pëlqej	[pəlcéj]

plaisanter (vi)	bëj shaka	[bəj ʃaká]
planifier (vt)	planifikoj	[planifikój]
pleurer (vi)	qaj	[caj]
posséder (vt)	zotëroj	[zotərój]
pouvoir (v aux)	mund	[mund]
préférer (vt)	preferoj	[prɛfɛrój]

prendre (vt)	marr	[mar]
prendre en note	mbaj shënim	[mbáj ʃəním]
prendre le petit déjeuner	ha mëngjes	[ha mənɟés]
préparer (le dîner)	gatuaj	[gatúaj]
prévoir (vt)	parashikoj	[paraʃikój]

prier (~ Dieu)	lutem	[lútɛm]
promettre (vt)	premtoj	[prɛmtój]
prononcer (vt)	shqiptoj	[ʃciptój]
proposer (vt)	propozoj	[propozój]
punir (vt)	ndëshkoj	[ndəʃkój]

11. Les verbes les plus importants. Partie 4

recommander (vt)	rekomandoj	[rɛkomandój]
regretter (vt)	pendohem	[pɛndóhɛm]
répéter (dire encore)	përsëris	[pərsərís]
répondre (vi, vt)	përgjigjem	[pərɟíɟɛm]
réserver (une chambre)	rezervoj	[rɛzɛrvój]

rester silencieux	hesht	[hɛʃt]
réunir (regrouper)	bashkoj	[baʃkój]
rire (vi)	qesh	[cɛʃ]
s'arrêter (vp)	ndaloj	[ndalój]
s'asseoir (vp)	ulem	[úlɛm]

sauver (la vie à qn)	shpëtoj	[ʃpətój]
savoir (qch)	di	[di]
se baigner (vp)	notoj	[notój]
se plaindre (vp)	ankohem	[ankóhɛm]
se refuser (vp)	refuzoj	[rɛfuzój]

| se tromper (vp) | gaboj | [gabój] |
| se vanter (vp) | mburrem | [mbúrɛm] |

18

s'étonner (vp)	çuditem	[tʃudítɛm]
s'excuser (vp)	kërkoj falje	[kərkój fáljɛ]
signer (vt)	nënshkruaj	[nənʃkrúaj]

signifier (vt)	nënkuptoj	[nənkuptój]
s'intéresser (vp)	interesohem ...	[intɛrɛsóhɛm ...]
sortir (aller dehors)	dal	[dal]
sourire (vi)	buzëqesh	[buzəcéʃ]
sous-estimer (vt)	nënvlerësoj	[nənvlɛrəsój]

suivre ... (suivez-moi)	ndjek ...	[ndjék ...]
tirer (vi)	qëlloj	[cəɫój]
tomber (vi)	bie	[bíɛ]
toucher (avec les mains)	prek	[prɛk]
tourner (~ à gauche)	kthej	[kθɛj]

traduire (vt)	përkthej	[pərkθéj]
travailler (vi)	punoj	[punój]
tromper (vt)	mashtroj	[maʃtrój]
trouver (vt)	gjej	[ɟéj]
tuer (vt)	vras	[vras]
vendre (vt)	shes	[ʃɛs]

venir (vi)	arrij	[aríj]
voir (vt)	shikoj	[ʃikój]
voler (avion, oiseau)	fluturoj	[fluturój]
voler (qch à qn)	vjedh	[vjɛð]
vouloir (vt)	dëshiroj	[dəʃirój]

12. Les couleurs

couleur (f)	ngjyrë (f)	[nɟýrə]
teinte (f)	nuancë (f)	[nuántsə]
ton (m)	tonalitet (m)	[tonalitét]
arc-en-ciel (m)	ylber (m)	[ylbér]

blanc (adj)	e bardhë	[ɛ bárðə]
noir (adj)	e zezë	[ɛ zézə]
gris (adj)	gri	[gri]

vert (adj)	jeshile	[jɛʃílɛ]
jaune (adj)	e verdhë	[ɛ vérðə]
rouge (adj)	e kuqe	[ɛ kúcɛ]

bleu (adj)	blu	[blu]
bleu clair (adj)	bojëqielli	[bojəciéɫi]
rose (adj)	rozë	[rózə]
orange (adj)	portokalli	[portokáɫi]
violet (adj)	bojëvjollcë	[bojəvjóɫtsə]
brun (adj)	kafe	[káfɛ]

d'or (adj)	e artë	[ɛ ártə]
argenté (adj)	e argjendtë	[ɛ arɟéndtə]
beige (adj)	bezhë	[béʒə]

crème (adj)	krem	[krɛm]
turquoise (adj)	e bruztë	[ɛ brúztə]
rouge cerise (adj)	qershi	[cɛrʃí]
lilas (adj)	jargavan	[jargaván]
framboise (adj)	e kuqe e thellë	[ɛ kúcɛ ɛ θétə]
clair (adj)	e hapur	[ɛ hápuɾ]
foncé (adj)	e errët	[ɛ érət]
vif (adj)	e ndritshme	[ɛ ndrítʃmɛ]
de couleur (adj)	e ngjyrosur	[ɛ nɟyrósuɾ]
en couleurs (adj)	ngjyrë	[nɟýrə]
noir et blanc (adj)	bardhë e zi	[bárðə ɛ zi]
unicolore (adj)	njëngjyrëshe	[nənɟýrəʃɛ]
multicolore (adj)	shumëngjyrëshe	[ʃumənɟýrəʃɛ]

13. Les questions

Qui?	Kush?	[kuʃ?]
Quoi?	Çka?	[tʃká?]
Où? (~ es-tu?)	Ku?	[ku?]
Où? (~ vas-tu?)	Për ku?	[pər ku?]
D'où?	Nga ku?	[ŋa ku?]
Quand?	Kur?	[kuɾ?]
Pourquoi? (~ es-tu venu?)	Pse?	[psɛ?]
Pourquoi? (~ t'es pâle?)	Pse?	[psɛ?]
À quoi bon?	Për çfarë arsye?	[pər tʃfárə arsýɛ?]
Comment?	Si?	[si?]
Quel? (à ~ prix?)	Çfarë?	[tʃfárə?]
Lequel?	Cili?	[tsíli?]
À qui? (pour qui?)	Kujt?	[kújt?]
De qui?	Për kë?	[pər kə?]
De quoi?	Për çfarë?	[pər tʃfárə?]
Avec qui?	Me kë?	[mɛ kə?]
Combien?	Sa?	[sa?]
À qui?	Të kujt?	[tə kujt?]

14. Les mots-outils. Les adverbes. Partie 1

Où? (~ es-tu?)	Ku?	[ku?]
ici (c'est ~)	këtu	[kətú]
là-bas (c'est ~)	atje	[atjé]
quelque part (être)	diku	[dikú]
nulle part (adv)	askund	[askúnd]
près de ...	afër	[áfər]
près de la fenêtre	tek dritarja	[tɛk dritárja]
Où? (~ vas-tu?)	Për ku?	[pər ku?]

ici (Venez ~)	**këtu**	[kətú]
là-bas (j'irai ~)	**atje**	[atjé]
d'ici (adv)	**nga këtu**	[ŋa kətú]
de là-bas (adv)	**nga atje**	[ŋa atjɛ]
près (pas loin)	**pranë**	[pránə]
loin (adv)	**larg**	[larg]
près de (~ Paris)	**afër**	[áfər]
tout près (adv)	**pranë**	[pránə]
pas loin (adv)	**jo larg**	[jo lárg]
gauche (adj)	**majtë**	[májtə]
à gauche (être ~)	**majtas**	[májtas]
à gauche (tournez ~)	**në të majtë**	[nə tə májtə]
droit (adj)	**djathtë**	[djáθtə]
à droite (être ~)	**djathtas**	[djáθtas]
à droite (tournez ~)	**në të djathtë**	[nə tə djáθtə]
devant (adv)	**përballë**	[pərbáɫə]
de devant (adj)	**i përparmë**	[i pərpármə]
en avant (adv)	**përpara**	[pərpára]
derrière (adv)	**prapa**	[prápa]
par derrière (adv)	**nga prapa**	[ŋa prápa]
en arrière (regarder ~)	**pas**	[pas]
milieu (m)	**mes** (m)	[mɛs]
au milieu (adv)	**në mes**	[nə mɛs]
de côté (vue ~)	**në anë**	[nə anə]
partout (adv)	**kudo**	[kúdo]
autour (adv)	**përreth**	[pəréθ]
de l'intérieur	**nga brenda**	[ŋa brénda]
quelque part (aller)	**diku**	[dikú]
tout droit (adv)	**drejt**	[dréjt]
en arrière (revenir ~)	**pas**	[pas]
de quelque part (n'import d'où)	**nga kudo**	[ŋa kúdo]
de quelque part (on ne sait pas d'où)	**nga diku**	[ŋa dikú]
premièrement (adv)	**së pari**	[sə pári]
deuxièmement (adv)	**së dyti**	[sə dýti]
troisièmement (adv)	**së treti**	[sə tréti]
soudain (adv)	**befas**	[béfas]
au début (adv)	**në fillim**	[nə fiɫím]
pour la première fois	**për herë të parë**	[pər hérə tə párə]
bien avant …	**shumë përpara …**	[ʃúmə pərpára …]
de nouveau (adv)	**sërish**	[səríʃ]
pour toujours (adv)	**një herë e mirë**	[ŋə hérə ɛ mírə]
jamais (adv)	**kurrë**	[kúrə]

de nouveau, encore (adv)	përsëri	[pərsərí]
maintenant (adv)	tani	[táni]
souvent (adv)	shpesh	[ʃpɛʃ]
alors (adv)	atëherë	[atəhérə]
d'urgence (adv)	urgjent	[urɟént]
d'habitude (adv)	zakonisht	[zakoníʃt]

à propos, ...	meqë ra fjala, ...	[méca ra fjála, ...]
c'est possible	ndoshta	[ndóʃta]
probablement (adv)	mundësisht	[mundəsíʃt]
peut-être (adv)	mbase	[mbásɛ]
en plus, ...	përveç	[pərvétʃ]
c'est pourquoi ...	ja përse ...	[ja pərsé ...]
malgré ...	pavarësisht se ...	[pavarəsíʃt sɛ ...]
grâce à ...	falë ...	[fálə ...]

quoi (pron)	çfarë	[tʃfárə]
que (conj)	që	[cə]
quelque chose (Il m'est arrivé ~)	diçka	[ditʃká]
quelque chose (peut-on faire ~)	ndonji gjë	[ndoɲí ɟə]
rien (m)	asgjë	[asɟə́]

qui (pron)	kush	[kuʃ]
quelqu'un (on ne sait pas qui)	dikush	[dikúʃ]
quelqu'un (n'importe qui)	dikush	[dikúʃ]

personne (pron)	askush	[askúʃ]
nulle part (aller ~)	askund	[askúnd]
de personne	i askujt	[i askújt]
de n'importe qui	i dikujt	[i dikújt]

comme ça (adv)	aq	[ác]
également (adv)	gjithashtu	[ɟiθaʃtú]
aussi (adv)	gjithashtu	[ɟiθaʃtú]

15. Les mots-outils. Les adverbes. Partie 2

Pourquoi?	Pse?	[psɛ?]
pour une certaine raison	për një arsye	[pər ɲə arsýe]
parce que ...	sepse ...	[sɛpsé ...]
pour une raison quelconque	për ndonjë shkak	[pər ndóɲə ʃkak]

et (conj)	dhe	[ðɛ]
ou (conj)	ose	[ósɛ] '
mais (conj)	por	[por]
pour ... (prep)	për	[pər]

trop (adv)	tepër	[tépər]
seulement (adv)	vetëm	[vétəm]
précisément (adv)	pikërisht	[pikəríʃt]
près de ... (prep)	rreth	[rɛθ]
approximativement	përafërsisht	[pərafərsíʃt]

approximatif (adj)	përafërt	[pəráfərt]
presque (adv)	pothuajse	[poθúajsɛ]
reste (m)	mbetje (f)	[mbétjɛ]

l'autre (adj)	tjetri	[tjétri]
autre (adj)	tjetër	[tjétər]
chaque (adj)	çdo	[tʃdo]
n'importe quel (adj)	çfarëdo	[tʃfarədó]
beaucoup de (dénombr.)	disa	[disá]
beaucoup de (indénombr.)	shumë	[ʃúmə]
plusieurs (pron)	shumë njerëz	[ʃúmə ɲérəz]
tous	të gjithë	[tə ɟíθə]

en échange de ...	në vend të ...	[nə vénd tə ...]
en échange (adv)	në shkëmbim të ...	[nə ʃkəmbím tə ...]
à la main (adv)	me dorë	[mɛ dórə]
peu probable (adj)	vështirë se ...	[vəʃtírə sɛ ...]

probablement (adv)	mundësisht	[mundəsíʃt]
exprès (adv)	me qëllim	[mɛ cətím]
par accident (adv)	aksidentalisht	[aksidɛntalíʃt]

très (adv)	shumë	[ʃúmə]
par exemple (adv)	për shembull	[pər ʃémbuɫ]
entre (prep)	midis	[midís]
parmi (prep)	rreth	[rɛθ]
autant (adv)	kaq shumë	[kác ʃúmə]
surtout (adv)	veçanërisht	[vɛtʃanəríʃt]

Concepts de base. Partie 2

16. Les jours de la semaine

lundi (m)	E hënë (f)	[ɛ hénǝ]
mardi (m)	E martë (f)	[ɛ mártǝ]
mercredi (m)	E mërkurë (f)	[ɛ mǝrkúrǝ]
jeudi (m)	E enjte (f)	[ɛ éɲtɛ]
vendredi (m)	E premte (f)	[ɛ prémtɛ]
samedi (m)	E shtunë (f)	[ɛ ʃtúnǝ]
dimanche (m)	E dielë (f)	[ɛ díɛlǝ]
aujourd'hui (adv)	sot	[sot]
demain (adv)	nesër	[nésǝr]
après-demain (adv)	pasnesër	[pasnésǝr]
hier (adv)	dje	[djé]
avant-hier (adv)	pardje	[pardjé]
jour (m)	ditë (f)	[dítǝ]
jour (m) ouvrable	ditë pune (f)	[dítǝ púnɛ]
jour (m) férié	festë kombëtare (f)	[féstǝ kombǝtárɛ]
jour (m) de repos	ditë pushim (m)	[dítǝ puʃím]
week-end (m)	fundjavë (f)	[fundjávǝ]
toute la journée	gjithë ditën	[ɟíθǝ dítǝn]
le lendemain	ditën pasardhëse	[dítǝn pasárðǝsɛ]
il y a 2 jours	dy ditë më parë	[dy dítǝ mǝ párǝ]
la veille	një ditë më parë	[ɲǝ dítǝ mǝ párǝ]
quotidien (adj)	ditor	[ditór]
tous les jours	çdo ditë	[tʃdo dítǝ]
semaine (f)	javë (f)	[jávǝ]
la semaine dernière	javën e kaluar	[jávǝn ɛ kalúar]
la semaine prochaine	javën e ardhshme	[jávǝn ɛ árðʃmɛ]
hebdomadaire (adj)	javor	[javór]
chaque semaine	çdo javë	[tʃdo jávǝ]
2 fois par semaine	dy herë në javë	[dy hérǝ nǝ jávǝ]
tous les mardis	çdo të martë	[tʃdo tǝ mártǝ]

17. Les heures. Le jour et la nuit

matin (m)	mëngjes (m)	[mǝnɟés]
le matin	në mëngjes	[nǝ mǝnɟés]
midi (m)	mesditë (f)	[mɛsdítǝ]
dans l'après-midi	pasdite	[pasdítɛ]
soir (m)	mbrëmje (f)	[mbrǝ́mjɛ]
le soir	në mbrëmje	[nǝ mbrǝ́mjɛ]

nuit (f)	natë (f)	[nátə]
la nuit	natën	[nátən]
minuit (f)	mesnatë (f)	[mɛsnátə]
seconde (f)	sekondë (f)	[sɛkóndə]
minute (f)	minutë (f)	[minútə]
heure (f)	orë (f)	[órə]
demi-heure (f)	gjysmë ore (f)	[ɟýsmə órɛ]
un quart d'heure	çerek ore (m)	[tʃɛrék órɛ]
quinze minutes	pesëmbëdhjetë minuta	[pɛsəmbəðjétə minúta]
vingt-quatre heures	24 orë	[ɲəzét ɛ kátər órə]
lever (m) du soleil	agim (m)	[agím]
aube (f)	agim (m)	[agím]
point (m) du jour	mëngjes herët (m)	[məɲés hérət]
coucher (m) du soleil	perëndim dielli (m)	[pɛrəndím diéti]
tôt le matin	herët në mëngjes	[hérət nə məɲés]
ce matin	sot në mëngjes	[sot nə məɲés]
demain matin	nesër në mëngjes	[nésər nə məɲés]
cet après-midi	sot pasdite	[sot pasdítɛ]
dans l'après-midi	pasdite	[pasdítɛ]
demain après-midi	nesër pasdite	[nésər pasdítɛ]
ce soir	sonte në mbrëmje	[sóntɛ nə mbrəmjɛ]
demain soir	nesër në mbrëmje	[nésər nə mbrémjɛ]
à 3 heures précises	në orën 3 fiks	[nə órən trɛ fiks]
autour de 4 heures	rreth orës 4	[rɛθ órəs kátər]
vers midi	deri në orën 12	[déri nə órən dymbəðjétə]
dans 20 minutes	për 20 minuta	[pər ɲəzét minúta]
dans une heure	për një orë	[pər ɲə órə]
à temps	në orar	[nə orár]
... moins le quart	çerek ...	[tʃɛrék ...]
en une heure	brenda një ore	[brénda ɲə órɛ]
tous les quarts d'heure	çdo 15 minuta	[tʃdo pɛsəmbəðjétə minúta]
24 heures sur 24	gjithë ditën	[ɟíθə dítən]

18. Les mois. Les saisons

janvier (m)	Janar (m)	[janár]
février (m)	Shkurt (m)	[ʃkurt]
mars (m)	Mars (m)	[mars]
avril (m)	Prill (m)	[pritɬ]
mai (m)	Maj (m)	[maj]
juin (m)	Qershor (m)	[cɛrʃór]
juillet (m)	Korrik (m)	[korík]
août (m)	Gusht (m)	[guʃt]
septembre (m)	Shtator (m)	[ʃtatór]
octobre (m)	Tetor (m)	[tɛtór]
novembre (m)	Nëntor (m)	[nəntór]
décembre (m)	Dhjetor (m)	[ðjɛtór]

printemps (m)	pranverë (f)	[pranvérə]
au printemps	në pranverë	[nə pranvérə]
de printemps (adj)	pranveror	[pranvɛrór]
été (m)	verë (f)	[vérə]
en été	në verë	[nə vérə]
d'été (adj)	veror	[vɛrór]
automne (m)	vjeshtë (f)	[vjéʃtə]
en automne	në vjeshtë	[nə vjéʃtə]
d'automne (adj)	vjeshtor	[vjéʃtor]
hiver (m)	dimër (m)	[dímər]
en hiver	në dimër	[nə dímər]
d'hiver (adj)	dimëror	[dimərór]
mois (m)	muaj (m)	[múaj]
ce mois	këtë muaj	[kətə múaj]
le mois prochain	muajin tjetër	[múajin tjétər]
le mois dernier	muajin e kaluar	[múajin ɛ kalúar]
il y a un mois	para një muaji	[pára ɲə múaji]
dans un mois	pas një muaji	[pas ɲə múaji]
dans 2 mois	pas dy muajsh	[pas dy múajʃ]
tout le mois	gjithë muajin	[ɟíθə múajin]
tout un mois	gjatë gjithë muajit	[ɟátə ɟíθə múajit]
mensuel (adj)	mujor	[mujór]
mensuellement	mujor	[mujór]
chaque mois	çdo muaj	[tʃdo múaj]
2 fois par mois	dy herë në muaj	[dy hérə nə múaj]
année (f)	vit (m)	[vit]
cette année	këtë vit	[kətə vít]
l'année prochaine	vitin tjetër	[vítin tjétər]
l'année dernière	vitin e kaluar	[vítin ɛ kalúar]
il y a un an	para një viti	[pára ɲə víti]
dans un an	për një vit	[pər ɲə vit]
dans 2 ans	për dy vite	[pər dy vítɛ]
toute l'année	gjithë vitin	[ɟíθə vítin]
toute une année	gjatë gjithë vitit	[ɟátə ɟíθə vítit]
chaque année	çdo vit	[tʃdo vít]
annuel (adj)	vjetor	[vjɛtór]
annuellement	çdo vit	[tʃdo vít]
4 fois par an	4 herë në vit	[kátər hérə nə vit]
date (f) (jour du mois)	datë (f)	[dátə]
date (f) (~ mémorable)	data (f)	[dáta]
calendrier (m)	kalendar (m)	[kalɛndár]
six mois	gjysmë viti	[ɟýsmə víti]
semestre (m)	gjashtë muaj	[ɟáʃtə múaj]
saison (f)	stinë (f)	[stínə]
siècle (m)	shekull (m)	[ʃékuɫ]

19. La notion de temps. Divers

temps (m)	kohë (f)	[kóhə]
moment (m)	çast, moment (m)	[tʃást], [mománt]
instant (m)	çast (m)	[tʃást]
instantané (adj)	i çastit	[i tʃástit]
laps (m) de temps	interval (m)	[intɛrvál]
vie (f)	jetë (f)	[jétə]
éternité (f)	përjetësi (f)	[pərjɛtəsí]
époque (f)	epokë (f)	[ɛpókə]
ère (f)	erë (f)	[érə]
cycle (m)	cikël (m)	[tsíkəl]
période (f)	periudhë (f)	[pɛriúðə]
délai (m)	afat (m)	[afát]
avenir (m)	ardhmëria (f)	[arðməría]
prochain (adj)	e ardhme	[ɛ árðmɛ]
la fois prochaine	herën tjetër	[hérən tjétər]
passé (m)	e shkuara (f)	[ɛ ʃkúara]
passé (adj)	kaluar	[kalúar]
la fois passée	herën e fundit	[hérən ɛ fúndit]
plus tard (adv)	më vonë	[mə vónə]
après (prep)	pas	[pas]
à présent (adv)	në këto kohë	[nə kəto kóhə]
maintenant (adv)	tani	[táni]
immédiatement	menjëherë	[mɛɲəhérə]
bientôt (adv)	së shpejti	[sə ʃpéjti]
d'avance (adv)	paraprakisht	[paraprakíʃt]
il y a longtemps	para shumë kohësh	[pára ʃúmə kóhəʃ]
récemment (adv)	së fundmi	[sə fúndmi]
destin (m)	fat (m)	[fat]
souvenirs (m pl)	kujtime (pl)	[kujtímɛ]
archives (f pl)	arkiva (f)	[arkíva]
pendant ... (prep)	gjatë ...	[ɟátə ...]
longtemps (adv)	gjatë, kohë e gjatë	[ɟátə], [kóhə ɛ ɟátə]
pas longtemps (adv)	jo gjatë	[jo ɟátə]
tôt (adv)	herët	[hérət]
tard (adv)	vonë	[vónə]
pour toujours (adv)	përjetë	[pərjétə]
commencer (vt)	filloj	[fiɫój]
reporter (retarder)	shtyj	[ʃtyj]
en même temps (adv)	njëkohësisht	[nəkohəsíʃt]
en permanence (adv)	përhershëm	[pərhérʃəm]
constant (bruit, etc.)	vazhdueshme	[vaʒdúɛʃmɛ]
temporaire (adj)	i përkohshëm	[i pərkóhʃəm]
parfois (adv)	ndonjëherë	[ndoɲəhérə]
rarement (adv)	rrallë	[ráɫə]
souvent (adv)	shpesh	[ʃpɛʃ]

20. Les contraires

riche (adj)	i pasur	[i pásur]
pauvre (adj)	i varfër	[i várfər]
malade (adj)	i sëmurë	[i səmúrə]
en bonne santé	mirë	[mírə]
grand (adj)	i madh	[i máð]
petit (adj)	i vogël	[i vógəl]
vite (adv)	shpejt	[ʃpɛjt]
lentement (adv)	ngadalë	[ŋadálə]
rapide (adj)	i shpejtë	[i ʃpéjtə]
lent (adj)	i ngadaltë	[i ŋadáltə]
joyeux (adj)	i kënaqur	[i kənácur]
triste (adj)	i mërzitur	[i mərzítur]
ensemble (adv)	së bashku	[sə báʃku]
séparément (adv)	veç e veç	[vɛtʃ ɛ vɛtʃ]
à haute voix	me zë	[mɛ zə]
en silence	pa zë	[pa zə]
haut (adj)	i lartë	[i lártə]
bas (adj)	i ulët	[i úlət]
profond (adj)	i thellë	[i θéłə]
peu profond (adj)	i cekët	[i tsékət]
oui (adv)	po	[po]
non (adv)	jo	[jo]
lointain (adj)	i largët	[i lárgət]
proche (adj)	afër	[áfər]
loin (adv)	larg	[larg]
près (adv)	pranë	[pránə]
long (adj)	i gjatë	[i ɟátə]
court (adj)	i shkurtër	[i ʃkúrtər]
bon (au bon cœur)	i mirë	[i mírə]
méchant (adj)	djallëzor	[djałəzór]
marié (adj)	i martuar	[i martúar]
célibataire (adj)	beqar	[bɛcár]
interdire (vt)	ndaloj	[ndalój]
permettre (vt)	lejoj	[lɛjój]
fin (f)	fund (m)	[fund]
début (m)	fillim (m)	[fiłím]

| gauche (adj) | majtë | [májtə] |
| droit (adj) | djathtë | [djáθtə] |

| premier (adj) | i pari | [i pári] |
| dernier (adj) | i fundit | [i fúndit] |

| crime (m) | krim (m) | [krim] |
| punition (f) | ndëshkim (m) | [ndəʃkím] |

| ordonner (vt) | urdhëroj | [urðərój] |
| obéir (vt) | bindem | [bíndɛm] |

| droit (adj) | i drejtë | [i dréjtə] |
| courbé (adj) | i harkuar | [i harkúar] |

| paradis (m) | parajsë (f) | [parájsə] |
| enfer (m) | ferr (m) | [fɛr] |

| naître (vi) | lind | [lind] |
| mourir (vi) | vdes | [vdɛs] |

| fort (adj) | i fortë | [i fórtə] |
| faible (adj) | i dobët | [i dóbət] |

| vieux (adj) | plak | [plak] |
| jeune (adj) | i ri | [i rí] |

| vieux (adj) | i vjetër | [i vjétər] |
| neuf (adj) | i ri | [i rí] |

| dur (adj) | i fortë | [i fórtə] |
| mou (adj) | i butë | [i bútə] |

| chaud (tiède) | ngrohtë | [ŋróhtə] |
| froid (adj) | i ftohtë | [i ftóhtə] |

| gros (adj) | i shëndoshë | [i ʃəndóʃə] |
| maigre (adj) | i dobët | [i dóbət] |

| étroit (adj) | i ngushtë | [i ŋúʃtə] |
| large (adj) | i gjerë | [i ɟérə] |

| bon (adj) | i mirë | [i mírə] |
| mauvais (adj) | i keq | [i kéc] |

| vaillant (adj) | guximtar | [gudzimtár] |
| peureux (adj) | frikacak | [frikatsák] |

21. Les lignes et les formes

carré (m)	katror (m)	[katrór]
carré (adj)	katrore	[katrórɛ]
cercle (m)	rreth (m)	[rɛθ]
rond (adj)	i rrumbullakët	[i rumbuɫákət]

triangle (m)	trekëndësh (m)	[trékəndəʃ]
triangulaire (adj)	trekëndor	[trɛkəndór]
ovale (m)	oval (f)	[ovál]
ovale (adj)	ovale	[oválɛ]
rectangle (m)	drejtkëndësh (m)	[drɛjtkéndəʃ]
rectangulaire (adj)	drejtkëndor	[drɛjtkəndór]
pyramide (f)	piramidë (f)	[piramídə]
losange (m)	romb (m)	[romb]
trapèze (m)	trapezoid (m)	[trapɛzoíd]
cube (m)	kub (m)	[kub]
prisme (m)	prizëm (m)	[prízəm]
circonférence (f)	perimetër (m)	[pɛrimétər]
sphère (f)	sferë (f)	[sférə]
globe (m)	top (m)	[top]
diamètre (m)	diametër (m)	[diamétər]
rayon (m)	sipërfaqe (f)	[sipərfácɛ]
périmètre (m)	perimetër (m)	[pɛrimétər]
centre (m)	qendër (f)	[céndər]
horizontal (adj)	horizontal	[horizontál]
vertical (adj)	vertikal	[vɛrtikál]
parallèle (f)	paralele (f)	[paralélɛ]
parallèle (adj)	paralel	[paralél]
ligne (f)	vijë (f)	[víjə]
trait (m)	vizë (f)	[vízə]
ligne (f) droite	vijë e drejtë (f)	[víjə ɛ dréjtə]
courbe (f)	kurbë (f)	[kúrbə]
fin (une ~ ligne)	e hollë	[ɛ hóɫə]
contour (m)	kontur (f)	[kontúr]
intersection (f)	kryqëzim (m)	[krycəzím]
angle (m) droit	kënd i drejtë (m)	[kənd i dréjtə]
segment (m)	segment (m)	[sɛgmént]
secteur (m)	sektor (m)	[sɛktór]
côté (m)	anë (f)	[ánə]
angle (m)	kënd (m)	[kənd]

22. Les unités de mesure

poids (m)	peshë (f)	[péʃə]
longueur (f)	gjatësi (f)	[ɟatəsí]
largeur (f)	gjerësi (f)	[ɟɛrəsí]
hauteur (f)	lartësi (f)	[lartəsí]
profondeur (f)	thellësi (f)	[θɛɫəsí]
volume (m)	vëllim (m)	[vəɫím]
aire (f)	sipërfaqe (f)	[sipərfácɛ]
gramme (m)	gram (m)	[gram]
milligramme (m)	miligram (m)	[miligrám]

kilogramme (m)	kilogram (m)	[kilográm]
tonne (f)	ton (m)	[ton]
livre (f)	paund (m)	[páund]
once (f)	ons (m)	[ons]
mètre (m)	metër (m)	[métər]
millimètre (m)	milimetër (m)	[milimétər]
centimètre (m)	centimetër (m)	[tsɛntimétər]
kilomètre (m)	kilometër (m)	[kilométər]
mille (m)	milje (f)	[míljɛ]
pouce (m)	inç (m)	[intʃ]
pied (m)	këmbë (f)	[kémbə]
yard (m)	jard (m)	[járd]
mètre (m) carré	metër katror (m)	[métər katrór]
hectare (m)	hektar (m)	[hɛktár]
litre (m)	litër (m)	[lítər]
degré (m)	gradë (f)	[grádə]
volt (m)	volt (m)	[volt]
ampère (m)	amper (m)	[ampér]
cheval-vapeur (m)	kuaj-fuqi (f)	[kúaj-fucí]
quantité (f)	sasi (f)	[sasí]
un peu de ...	pak ...	[pak ...]
moitié (f)	gjysmë (f)	[ɟýsmə]
douzaine (f)	dyzinë (f)	[dyzínə]
pièce (f)	copë (f)	[tsópə]
dimension (f)	madhësi (f)	[maðəsí]
échelle (f) (de la carte)	shkallë (f)	[ʃkáɫə]
minimal (adj)	minimale	[minimálɛ]
le plus petit (adj)	më i vogli	[mə i vógli]
moyen (adj)	i mesëm	[i mésəm]
maximal (adj)	maksimale	[maksimálɛ]
le plus grand (adj)	më i madhi	[mə i máði]

23. Les récipients

bocal (m) en verre	kavanoz (m)	[kavanóz]
boîte, canette (f)	kanoçe (f)	[kanótʃɛ]
seau (m)	kovë (f)	[kóvə]
tonneau (m)	fuçi (f)	[futʃí]
bassine, cuvette (f)	legen (m)	[lɛgén]
cuve (f)	tank (m)	[tank]
flasque (f)	faqore (f)	[facórɛ]
jerrican (m)	bidon (m)	[bidón]
citerne (f)	cisternë (f)	[tsistérnə]
tasse (f), mug (m)	tas (m)	[tas]
tasse (f)	filxhan (m)	[fildʒán]

soucoupe (f)	pjatë filxhani (f)	[pjátə fildʒáni]
verre (m) (~ d'eau)	gotë (f)	[gótə]
verre (m) à vin	gotë vere (f)	[gótə vérɛ]
faitout (m)	tenxhere (f)	[tɛndʒérɛ]
bouteille (f)	shishe (f)	[ʃíʃɛ]
goulot (m)	grykë	[grýkə]
carafe (f)	brokë (f)	[brókə]
pichet (m)	shtambë (f)	[ʃtámbə]
récipient (m)	enë (f)	[énə]
pot (m)	enë (f)	[énə]
vase (m)	vazo (f)	[vázo]
flacon (m)	shishe (f)	[ʃíʃɛ]
fiole (f)	shishkë (f)	[ʃíʃkə]
tube (m)	tubet (f)	[tubét]
sac (m) (grand ~)	thes (m)	[θɛs]
sac (m) (~ en plastique)	qese (f)	[césɛ]
paquet (m) (~ de cigarettes)	paketë (f)	[pakétə]
boîte (f)	kuti (f)	[kutí]
caisse (f)	arkë (f)	[árkə]
panier (m)	shportë (f)	[ʃpórtə]

24. Les matériaux

matériau (m)	material (m)	[matɛriál]
bois (m)	dru (m)	[dru]
en bois (adj)	prej druri	[prɛj drúri]
verre (m)	qelq (m)	[cɛlc]
en verre (adj)	prej qelqi	[prɛj célci]
pierre (f)	gur (m)	[gur]
en pierre (adj)	guror	[gurór]
plastique (m)	plastikë (f)	[plastíkə]
en plastique (adj)	plastike	[plastíkɛ]
caoutchouc (m)	gomë (f)	[gómə]
en caoutchouc (adj)	prej gome	[prɛj gómɛ]
tissu (m)	pëlhurë (f)	[pəlhúrə]
en tissu (adj)	nga pëlhura	[ŋa pəlhúra]
papier (m)	letër (f)	[létər]
de papier (adj)	prej letre	[prɛj létrɛ]
carton (m)	karton (m)	[kartón]
en carton (adj)	prej kartoni	[prɛj kartóni]
polyéthylène (m)	polietilen (m)	[poliétilɛn]
cellophane (f)	celofan (m)	[tsɛlofán]

linoléum (m)	**linoleum** (m)	[linolɛúm]
contreplaqué (m)	**kompensatë** (f)	[kompɛnsátə]

porcelaine (f)	**porcelan** (m)	[portsɛlán]
de porcelaine (adj)	**prej porcelani**	[prɛj portsɛláni]
argile (f)	**argjilë** (f)	[arɟílə]
de terre cuite (adj)	**prej argjile**	[prɛj arɟílɛ]
céramique (f)	**qeramikë** (f)	[cɛramíkə]
en céramique (adj)	**prej qeramike**	[prɛj cɛramíkɛ]

25. Les métaux

métal (m)	**metal** (m)	[mɛtál]
métallique (adj)	**prej metali**	[prɛj mɛtáli]
alliage (m)	**aliazh** (m)	[aliáʒ]

or (m)	**ar** (m)	[ár]
en or (adj)	**prej ari**	[prɛj ári]
argent (m)	**argjend** (m)	[arɟénd]
en argent (adj)	**prej argjendi**	[prɛj arɟéndi]

fer (m)	**hekur** (m)	[hékur]
en fer (adj)	**prej hekuri**	[prɛj hékuri]
acier (m)	**çelik** (m)	[tʃɛlík]
en acier (adj)	**prej çeliku**	[prɛj tʃɛlíku]
cuivre (m)	**bakër** (m)	[bákər]
en cuivre (adj)	**prej bakri**	[prɛj bákri]

aluminium (m)	**alumin** (m)	[alumín]
en aluminium (adj)	**prej alumini**	[prɛj alumíni]
bronze (m)	**bronz** (m)	[bronz]
en bronze (adj)	**prej bronzi**	[prɛj brónzi]

laiton (m)	**tunxh** (m)	[tundʒ]
nickel (m)	**nikel** (m)	[nikél]
platine (f)	**platin** (m)	[platín]
mercure (m)	**merkur** (m)	[mɛrkúr]
étain (m)	**kallaj** (m)	[kałáj]
plomb (m)	**plumb** (m)	[plúmb]
zinc (m)	**zink** (m)	[zink]

L'HOMME

L'homme. Le corps humain

26. L'homme. Notions fondamentales

être (m) humain	qenie njerëzore (f)	[cɛníɛ ɲɛrəzórɛ]
homme (m)	burrë (m)	[búrə]
femme (f)	grua (f)	[grúa]
enfant (m, f)	fëmijë (f)	[fəmíjə]
fille (f)	vajzë (f)	[vájzə]
garçon (m)	djalë (f)	[djálə]
adolescent (m)	adoleshent (m)	[adolɛʃént]
vieillard (m)	plak (m)	[plak]
vieille femme (f)	plakë (f)	[plákə]

27. L'anatomie humaine

organisme (m)	organizëm (m)	[organízəm]
cœur (m)	zemër (f)	[zémər]
sang (m)	gjak (m)	[ɟak]
artère (f)	arterie (f)	[artériɛ]
veine (f)	venë (f)	[vénə]
cerveau (m)	tru (m)	[tru]
nerf (m)	nerv (m)	[nɛrv]
nerfs (m pl)	nerva (f)	[nérva]
vertèbre (f)	vertebër (f)	[vɛrtébər]
colonne (f) vertébrale	shtyllë kurrizore (f)	[ʃtýɫə kurizórɛ]
estomac (m)	stomak (m)	[stomák]
intestins (m pl)	zorrët (f)	[zórət]
intestin (m)	zorrë (f)	[zórə]
foie (m)	mëlçi (f)	[məltʃí]
rein (m)	veshkë (f)	[véʃkə]
os (m)	kockë (f)	[kótskə]
squelette (f)	skelet (m)	[skɛlét]
côte (f)	brinjë (f)	[bríɲə]
crâne (m)	kafkë (f)	[káfkə]
muscle (m)	muskul (m)	[múskul]
biceps (m)	biceps (m)	[bitséps]
triceps (m)	triceps (m)	[tritséps]
tendon (m)	tendon (f)	[tɛndón]
articulation (f)	nyje (f)	[nýjɛ]

poumons (m pl)	mushkëri (m)	[muʃkərí]
organes (m pl) génitaux	organe gjenitale (f)	[orgánɛ ɟenitálɛ]
peau (f)	lëkurë (f)	[ləkúrə]

28. La tête

tête (f)	kokë (f)	[kókə]
visage (m)	fytyrë (f)	[fytýrə]
nez (m)	hundë (f)	[húndə]
bouche (f)	gojë (f)	[gójə]

œil (m)	sy (m)	[sy]
les yeux	sytë	[sýtə]
pupille (f)	bebëz (f)	[bébəz]
sourcil (m)	vetull (f)	[vétuɫ]
cil (m)	qerpik (m)	[cɛrpík]
paupière (f)	qepallë (f)	[cɛpáɫə]

langue (f)	gjuhë (f)	[ɟúhə]
dent (f)	dhëmb (m)	[ðəmb]
lèvres (f pl)	buzë (f)	[búzə]
pommettes (f pl)	mollëza (f)	[móɫeza]
gencive (f)	mishrat e dhëmbëve	[míʃrat ɛ ðəmbəvɛ]
palais (m)	qiellzë (f)	[ciéɫzə]

narines (f pl)	vrimat e hundës (pl)	[vrímat ɛ húndəs]
menton (m)	mjekër (f)	[mjékər]
mâchoire (f)	nofull (f)	[nófuɫ]
joue (f)	faqe (f)	[fácɛ]

front (m)	ball (m)	[báɫ]
tempe (f)	tëmth (m)	[təmθ]
oreille (m)	vesh (m)	[vɛʃ]
nuque (f)	zverk (m)	[zvɛrk]
cou (m)	qafë (f)	[cáfə]
gorge (f)	fyt (m)	[fyt]

cheveux (m pl)	flokë (pl)	[flókə]
coiffure (f)	model flokësh (m)	[modél flókəʃ]
coupe (f)	prerje flokësh (f)	[prérjɛ flókəʃ]
perruque (f)	paruke (f)	[parúkɛ]

moustache (f)	mustaqe (f)	[mustácɛ]
barbe (f)	mjekër (f)	[mjékər]
porter (~ la barbe)	lë mjekër	[lə mjékər]
tresse (f)	gërshet (m)	[gərʃét]
favoris (m pl)	baseta (f)	[baséta]

roux (adj)	flokëkuqe	[flokəkúcɛ]
gris, grisonnant (adj)	thinja	[θínja]
chauve (adj)	qeros	[cɛrós]
calvitie (f)	tullë (f)	[túɫə]
queue (f) de cheval	bishtalec (m)	[biʃtaléts]
frange (f)	balluke (f)	[baɫúkɛ]

29. Le corps humain

main (f)	dorë (f)	[dórə]
bras (m)	krah (m)	[krah]
doigt (m)	gisht i dorës (m)	[gíʃt i dórəs]
orteil (m)	gisht i këmbës (m)	[gíʃt i kémbəs]
pouce (m)	gishti i madh (m)	[gíʃti i máð]
petit doigt (m)	gishti i vogël (m)	[gíʃti i vógəl]
ongle (m)	thua (f)	[θúa]
poing (m)	grusht (m)	[grúʃt]
paume (f)	pëllëmbë dore (f)	[pətémbə dórɛ]
poignet (m)	kyç (m)	[kytʃ]
avant-bras (m)	parakrah (m)	[parakráh]
coude (m)	bërryl (m)	[bərýl]
épaule (f)	shpatull (f)	[ʃpátuɫ]
jambe (f)	këmbë (f)	[kémbə]
pied (m)	shputë (f)	[ʃpútə]
genou (m)	gju (m)	[ɟú]
mollet (m)	pulpë (f)	[púlpə]
hanche (f)	ijë (f)	[íjə]
talon (m)	thembër (f)	[θémbər]
corps (m)	trup (m)	[trup]
ventre (m)	stomak (m)	[stomák]
poitrine (f)	kraharor (m)	[kraharór]
sein (m)	gjoks (m)	[ɟóks]
côté (m)	krah (m)	[krah]
dos (m)	kurriz (m)	[kuríz]
reins (région lombaire)	fundshpina (f)	[fundʃpína]
taille (f) (~ de guêpe)	beli (m)	[béli]
nombril (m)	kërthizë (f)	[kərθízə]
fesses (f pl)	vithe (f)	[víθɛ]
derrière (m)	prapanica (f)	[prapanítsa]
grain (m) de beauté	nishan (m)	[niʃán]
tache (f) de vin	shenjë lindjeje (f)	[ʃéɲə líndjɛjɛ]
tatouage (m)	tatuazh (m)	[tatuáʒ]
cicatrice (f)	shenjë (f)	[ʃéɲə]

Les vêtements & les accessoires

30. Les vêtements d'extérieur

vêtement (m)	rroba (f)	[róba]
survêtement (m)	veshje e sipërme (f)	[véʃjɛ ɛ sípərmɛ]
vêtement (m) d'hiver	veshje dimri (f)	[véʃjɛ dímri]
manteau (m)	pallto (f)	[páłto]
manteau (m) de fourrure	gëzof (m)	[gəzóf]
veste (f) de fourrure	xhaketë lëkure (f)	[dʒakétə ləkúrɛ]
manteau (m) de duvet	xhup (m)	[dʒup]
veste (f) (~ en cuir)	xhaketë (f)	[dʒakétə]
imperméable (m)	pardesy (f)	[pardɛsý]
imperméable (adj)	kundër shiut	[kúndər ʃiut]

31. Les vêtements

chemise (f)	këmishë (f)	[kəmíʃə]
pantalon (m)	pantallona (f)	[pantałóna]
jean (m)	xhinse (f)	[dʒínsɛ]
veston (m)	xhaketë kostumi (f)	[dʒakétə kostúmi]
complet (m)	kostum (m)	[kostúm]
robe (f)	fustan (m)	[fustán]
jupe (f)	fund (m)	[fund]
chemisette (f)	bluzë (f)	[blúzə]
veste (f) en laine	xhaketë me thurje (f)	[dʒakétə mɛ θúrjɛ]
jaquette (f), blazer (m)	xhaketë femrash (f)	[dʒakétə fémraʃ]
tee-shirt (m)	bluzë (f)	[blúzə]
short (m)	pantallona të shkurtra (f)	[pantałóna tə ʃkúrtra]
costume (m) de sport	tuta sportive (f)	[túta sportívɛ]
peignoir (m) de bain	peshqir trupi (m)	[pɛʃcír trúpi]
pyjama (m)	pizhame (f)	[piʒámɛ]
chandail (m)	triko (f)	[tríko]
pull-over (m)	pulovër (m)	[pulóvər]
gilet (m)	jelek (m)	[jɛlék]
queue-de-pie (f)	frak (m)	[frak]
smoking (m)	smoking (m)	[smokíŋ]
uniforme (m)	uniformë (f)	[unifórmə]
tenue (f) de travail	rroba pune (f)	[róba púnɛ]
salopette (f)	kominoshe (f)	[kominóʃɛ]
blouse (f) (d'un médecin)	uniformë (f)	[unifórmə]

32. Les sous-vêtements

sous-vêtements (m pl)	të brendshme (f)	[tə bréndʃmɛ]
boxer (m)	boksera (f)	[bokséra]
slip (m) de femme	brekë (f)	[brékə]
maillot (m) de corps	fanellë (f)	[fanétə]
chaussettes (f pl)	çorape (pl)	[tʃorápɛ]
chemise (f) de nuit	këmishë nate (f)	[kəmíʃə nátɛ]
soutien-gorge (m)	sytjena (f)	[sytjéna]
chaussettes (f pl) hautes	çorape déri tek gjuri (pl)	[tʃorápɛ déri ték ɟúri]
collants (m pl)	geta (f)	[géta]
bas (m pl)	çorape të holla (pl)	[tʃorápɛ tə hóła]
maillot (m) de bain	rrobë banje (f)	[róbə báɲɛ]

33. Les chapeaux

chapeau (m)	kapelë (f)	[kapélə]
chapeau (m) feutre	kapelë republike (f)	[kapélə rɛpublíkɛ]
casquette (f) de base-ball	kapelë bejsbolli (f)	[kapélə bɛjsbóti]
casquette (f)	kapelë e sheshtë (f)	[kapélə ɛ ʃéʃtə]
béret (m)	beretë (f)	[bɛrétə]
capuche (f)	kapuç (m)	[kapútʃ]
panama (m)	kapelë panama (f)	[kapélə panamá]
bonnet (m) de laine	kapuç leshi (m)	[kapútʃ léʃi]
foulard (m)	shami (f)	[ʃamí]
chapeau (m) de femme	kapelë femrash (f)	[kapélə fémraʃ]
casque (m) (d'ouvriers)	helmetë (f)	[hɛlmétə]
calot (m)	kapelë ushtrie (f)	[kapélə uʃtríɛ]
casque (m) (~ de moto)	helmetë (f)	[hɛlmétə]
melon (m)	kapelë derby (f)	[kapélə dérby]
haut-de-forme (m)	kapelë cilindër (f)	[kapélə tsilíndər]

34. Les chaussures

chaussures (f pl)	këpucë (pl)	[kəpútsə]
bottines (f pl)	këpucë burrash (pl)	[kəpútsə búraʃ]
souliers (m pl) (~ plats)	këpucë grash (pl)	[kəpútsə gráʃ]
bottes (f pl)	çizme (pl)	[tʃízmɛ]
chaussons (m pl)	pantofla (pl)	[pantófla]
tennis (m pl)	atlete tenisi (pl)	[atlétɛ tɛnísi]
baskets (f pl)	atlete (pl)	[atlétɛ]
sandales (f pl)	sandale (pl)	[sandálɛ]
cordonnier (m)	këpucëtar (m)	[kəputsətár]
talon (m)	takë (f)	[tákə]

paire (f)	palë (f)	[pálə]
lacet (m)	lidhëse këpucësh (f)	[líðɛsɛ kəpútsəʃ]
lacer (vt)	lidh këpucët	[lið kəpútsət]
chausse-pied (m)	lugë këpucësh (f)	[lúgə kəpútsəʃ]
cirage (m)	bojë këpucësh (f)	[bójə kəpútsəʃ]

35. Le textile. Les tissus

coton (m)	pambuk (m)	[pambúk]
de coton (adj)	i pambuktë	[i pambúktə]
lin (m)	li (m)	[li]
de lin (adj)	prej liri	[prɛj líri]
soie (f)	mëndafsh (m)	[məndáfʃ]
de soie (adj)	i mëndafshtë	[i məndáfʃtə]
laine (f)	lesh (m)	[lɛʃ]
en laine (adj)	i leshtë	[i léʃtə]
velours (m)	kadife (f)	[kadífɛ]
chamois (m)	kamosh (m)	[kamóʃ]
velours (m) côtelé	kadife me riga (f)	[kadífɛ mɛ ríga]
nylon (m)	najlon (m)	[najlón]
en nylon (adj)	prej najloni	[prɛj najlóni]
polyester (m)	poliestër (m)	[poliéstər]
en polyester (adj)	prej poliestri	[prɛj poliéstri]
cuir (m)	lëkurë (f)	[ləkúrə]
en cuir (adj)	prej lëkure	[prɛj ləkúrɛ]
fourrure (f)	gëzof (m)	[gəzóf]
en fourrure (adj)	prej gëzofi	[prɛj gəzófi]

36. Les accessoires personnels

gants (m pl)	dorëza (pl)	[dórəza]
moufles (f pl)	doreza (f)	[doréza]
écharpe (f)	shall (m)	[ʃaɫ]
lunettes (f pl)	syze (f)	[sýzɛ]
monture (f)	skelet syzesh (m)	[skɛlét sýzɛʃ]
parapluie (m)	çadër (f)	[tʃádər]
canne (f)	bastun (m)	[bastún]
brosse (f) à cheveux	furçë flokësh (f)	[fúrtʃə flókəʃ]
éventail (m)	erashkë (f)	[ɛráʃkə]
cravate (f)	kravatë (f)	[kravátə]
nœud papillon (m)	papion (m)	[papión]
bretelles (f pl)	aski (pl)	[askí]
mouchoir (m)	shami (f)	[ʃamí]
peigne (m)	krehër (m)	[kréhər]
barrette (f)	kapëse flokësh (f)	[kápəsɛ flókəʃ]

| épingle (f) à cheveux | karficë (f) | [karfítsə] |
| boucle (f) | tokëz (f) | [tókəz] |

| ceinture (f) | rrip (m) | [rip] |
| bandoulière (f) | rrip supi (m) | [rip súpi] |

sac (m)	çantë dore (f)	[tʃántə dórɛ]
sac (m) à main	çantë (f)	[tʃántə]
sac (m) à dos	çantë shpine (f)	[tʃántə ʃpínɛ]

37. Les vêtements. Divers

mode (f)	modë (f)	[módə]
à la mode (adj)	në modë	[nə módə]
couturier, créateur de mode	stilist (m)	[stilíst]

col (m)	jakë (f)	[jákə]
poche (f)	xhep (m)	[dʒɛp]
de poche (adj)	i xhepit	[i dʒépit]
manche (f)	mëngë (f)	[méŋə]
bride (f)	hallkë për varje (f)	[háɫkə pər várjɛ]
braguette (f)	zinxhir (m)	[zindʒír]

fermeture (f) à glissière	zinxhir (m)	[zindʒír]
agrafe (f)	kapëse (f)	[kápəsɛ]
bouton (m)	kopsë (f)	[kópsə]
boutonnière (f)	vrimë kopse (f)	[vrímə kópsɛ]
s'arracher (bouton)	këputet	[kəpútɛt]

coudre (vi, vt)	qep	[cɛp]
broder (vt)	qëndis	[cəndís]
broderie (f)	qëndisje (f)	[cəndísjɛ]
aiguille (f)	gjilpërë për qepje (f)	[ɟilpérə pər cépjɛ]
fil (m)	pe (m)	[pɛ]
couture (f)	tegel (m)	[tɛgél]

se salir (vp)	bëhem pis	[bэhɛm pis]
tache (f)	njollë (f)	[ɲóɫə]
se froisser (vp)	zhubros	[ʒubrós]
déchirer (vt)	gris	[gris]
mite (f)	molë rrobash (f)	[mólə róbaʃ]

38. L'hygiène corporelle. Les cosmétiques

dentifrice (m)	pastë dhëmbësh (f)	[pástə ðémbəʃ]
brosse (f) à dents	furçë dhëmbësh (f)	[fúrtʃə ðémbəʃ]
se brosser les dents	laj dhëmbët	[laj ðémbət]

rasoir (m)	brisk (m)	[brísk]
crème (f) à raser	pastë rroje (f)	[pástə rójɛ]
se raser (vp)	rruhem	[rúhɛm]
savon (m)	sapun (m)	[sapún]

shampooing (m)	shampo (f)	[ʃampó]
ciseaux (m pl)	gërshërë (f)	[gərʃérə]
lime (f) â ongles	limë thonjsh (f)	[límə θóɲʃ]
pinces (f pl) â ongles	prerëse thonjsh (f)	[prérəsɛ θóɲʃ]
pince (f) â épiler	piskatore vetullash (f)	[piskatórɛ vétuɫaʃ]

produits (m pl) de beauté	kozmetikë (f)	[kozmɛtíkə]
masque (m) de beauté	maskë fytyre (f)	[máskə fytýrɛ]
manucure (f)	manikyr (m)	[manikýr]
se faire les ongles	bëj manikyr	[bəj manikýr]
pédicurie (f)	pedikyr (m)	[pɛdikýr]

trousse (f) de toilette	çantë kozmetike (f)	[tʃántə kozmɛtíkɛ]
poudre (f)	pudër fytyre (f)	[púdər fytýrɛ]
poudrier (m)	pudër kompakte (f)	[púdər kompáktɛ]
fard (m) â joues	ruzh (m)	[ruʒ]

parfum (m)	parfum (m)	[parfúm]
eau (f) de toilette	parfum (m)	[parfúm]
lotion (f)	krem (m)	[krɛm]
eau de Cologne (f)	kolonjë (f)	[kolóɲə]

fard (m) â paupières	rimel (m)	[rimél]
crayon (m) â paupières	laps për sy (m)	[láps pər sy]
mascara (m)	rimel (m)	[rimél]

rouge (m) â lèvres	buzëkuq (m)	[buzəkúc]
vernis (m) â ongles	llak për thonj (m)	[ɫak pər θóɲ]
laque (f) pour les cheveux	llak flokësh (m)	[ɫak flókəʃ]
déodorant (m)	deodorant (m)	[dɛodoránt]

crème (f)	krem (m)	[krɛm]
crème (f) pour le visage	krem për fytyrë (m)	[krɛm pər fytýrə]
crème (f) pour les mains	krem për duar (m)	[krɛm pər dúar]
crème (f) anti-rides	krem kundër rrudhave (m)	[krɛm kúndər rúðavɛ]
crème (f) de jour	krem dite (m)	[krɛm dítɛ]
crème (f) de nuit	krem nate (m)	[krɛm nátɛ]
de jour (adj)	dite	[dítɛ]
de nuit (adj)	nate	[nátɛ]

tampon (m)	tampon (m)	[tampón]
papier (m) de toilette	letër higjienike (f)	[létər hiɟiɛníkɛ]
sèche-cheveux (m)	tharëse flokësh (f)	[θárəsɛ flókəʃ]

39. Les bijoux. La bijouterie

bijoux (m pl)	bizhuteri (f)	[biʒutɛrí]
précieux (adj)	i çmuar	[i tʃmúar]
poinçon (m)	vulë dalluese (f)	[vúlə daɫúɛsɛ]

bague (f)	unazë (f)	[unázə]
alliance (f)	unazë martese (f)	[unázə martésɛ]
bracelet (m)	byzylyk (m)	[byzylýk]
boucles (f pl) d'oreille	vathë (pl)	[váθə]

collier (m) (de perles)	gjerdan (m)	[ɟɛrdán]
couronne (f)	kurorë (f)	[kurórə]
collier (m) (en verre, etc.)	qafore me rruaza (f)	[cafórɛ mɛ ruáza]

diamant (m)	diamant (m)	[diamánt]
émeraude (f)	smerald (m)	[smɛráld]
rubis (m)	rubin (m)	[rubín]
saphir (m)	safir (m)	[safír]
perle (f)	perlë (f)	[pérlə]
ambre (m)	qelibar (m)	[cɛlibár]

40. Les montres. Les horloges

montre (f)	orë dore (f)	[órə dórɛ]
cadran (m)	faqe e orës (f)	[fácɛ ɛ órəs]
aiguille (f)	akrep (m)	[akrép]
bracelet (m)	rrip metalik ore (m)	[rip mɛtalík órɛ]
bracelet (m) (en cuir)	rrip ore (m)	[rip órɛ]

pile (f)	bateri (f)	[batɛrí]
être déchargé	e shkarkuar	[ɛ ʃkarkúar]
changer de pile	ndërroj baterinë	[ndərój batɛrínə]
avancer (vi)	kalon shpejt	[kalón ʃpéjt]
retarder (vi)	ngel prapa	[ŋɛl prápa]

pendule (f)	orë muri (f)	[órə múri]
sablier (m)	orë rëre (f)	[órə rərɛ]
cadran (m) solaire	orë diellore (f)	[órə diɛɫórɛ]
réveil (m)	orë me zile (f)	[órə mɛ zílɛ]
horloger (m)	orëndreqës (m)	[orəndrécəs]
réparer (vt)	ndreq	[ndréc]

Les aliments. L'alimentation

41. Les aliments

viande (f)	mish (m)	[miʃ]
poulet (m)	pulë (f)	[púlə]
poulet (m) (poussin)	mish pule (m)	[miʃ púlɛ]
canard (m)	rosë (f)	[rósə]
oie (f)	patë (f)	[pátə]
gibier (m)	gjah (m)	[ɟáh]
dinde (f)	mish gjel deti (m)	[miʃ ɟɛl déti]
du porc	mish derri (m)	[miʃ déri]
du veau	mish viçi (m)	[miʃ vítʃi]
du mouton	mish qengji (m)	[miʃ cénɟi]
du bœuf	mish lope (m)	[miʃ lópɛ]
lapin (m)	mish lepuri (m)	[miʃ lépuri]
saucisson (m)	salsiçe (f)	[salsítʃɛ]
saucisse (f)	salsiçe vjeneze (f)	[salsítʃɛ vjɛnézɛ]
bacon (m)	proshutë (f)	[proʃútə]
jambon (m)	sallam (m)	[saɫám]
cuisse (f)	kofshë derri (f)	[kófʃə déri]
pâté (m)	pate (f)	[paté]
foie (m)	mëlçi (f)	[məltʃí]
farce (f)	hamburger (m)	[hamburgér]
langue (f)	gjuhë (f)	[ɟúhə]
œuf (m)	ve (f)	[vɛ]
les œufs	vezë (pl)	[vézə]
blanc (m) d'œuf	e bardhë veze (f)	[ɛ bárðə vézɛ]
jaune (m) d'œuf	e verdhë veze (f)	[ɛ vérðə vézɛ]
poisson (m)	peshk (m)	[pɛʃk]
fruits (m pl) de mer	fruta deti (pl)	[frúta déti]
crustacés (m pl)	krustace (pl)	[krustátsɛ]
caviar (m)	havjar (m)	[havjár]
crabe (m)	gaforre (f)	[gafórɛ]
crevette (f)	karkalec (m)	[karkaléts]
huître (f)	midhje (f)	[míðjɛ]
langoustine (f)	karavidhe (f)	[karavíðɛ]
poulpe (m)	oktapod (m)	[oktapód]
calamar (m)	kallamarë (f)	[kaɫamárə]
esturgeon (m)	bli (m)	[blí]
saumon (m)	salmon (m)	[salmón]
flétan (m)	shojzë e Atlantikut Verior (f)	[ʃójzə ɛ atlantíkut vɛriór]
morue (f)	merluc (m)	[mɛrlúts]

maquereau (m)	skumbri (m)	[skúmbri]
thon (m)	tunë (f)	[túnə]
anguille (f)	ngjalë (f)	[nɟálə]

truite (f)	troftë (f)	[tróftə]
sardine (f)	sardele (f)	[sardélɛ]
brochet (m)	mlysh (m)	[mlýʃ]
hareng (m)	harengë (f)	[harénə]

pain (m)	bukë (f)	[búkə]
fromage (m)	djath (m)	[djáθ]
sucre (m)	sheqer (m)	[ʃɛcér]
sel (m)	kripë (f)	[krípə]

riz (m)	oriz (m)	[oríz]
pâtes (m pl)	makarona (f)	[makaróna]
nouilles (f pl)	makarona petë (f)	[makaróna pétə]

beurre (m)	gjalp (m)	[ɟalp]
huile (f) végétale	vaj vegjetal (m)	[vaj vɛɟɛtál]
huile (f) de tournesol	vaj luledielli (m)	[vaj lulɛdiéti]
margarine (f)	margarinë (f)	[margarínə]

olives (f pl)	ullinj (pl)	[utíɲ]
huile (f) d'olive	vaj ulliri (m)	[vaj utíri]

lait (m)	qumësht (m)	[cúməʃt]
lait (m) condensé	qumësht i kondensuar (m)	[cúməʃt i kondɛnsúar]
yogourt (m)	kos (m)	[kos]
crème (f) aigre	salcë kosi (f)	[sáltsə kosi]
crème (f) (de lait)	krem qumështi (m)	[krɛm cúməʃti]

sauce (f) mayonnaise	majonezë (f)	[majonézə]
crème (f) au beurre	krem gjalpi (m)	[krɛm ɟálpi]

gruau (m)	drithëra (pl)	[dríθəra]
farine (f)	miell (m)	[míɛt]
conserves (f pl)	konserva (f)	[konsérva]

pétales (m pl) de maïs	kornfleiks (m)	[kornfléiks]
miel (m)	mjaltë (f)	[mjáltə]
confiture (f)	reçel (m)	[rɛtʃél]
gomme (f) à mâcher	çamçakëz (m)	[tʃamtʃakéz]

42. Les boissons

eau (f)	ujë (m)	[újə]
eau (f) potable	ujë i pijshëm (m)	[újə i píjʃəm]
eau (f) minérale	ujë mineral (m)	[újə minɛrál]

plate (adj)	ujë natyral	[újə natyrál]
gazeuse (l'eau ~)	ujë i karbonuar	[újə i karbonúar]
pétillante (adj)	ujë i gazuar	[újə i gazúar]
glace (f)	akull (m)	[ákut]

avec de la glace	me akull	[mɛ ákuɫ]
sans alcool	jo alkoolik	[jo alkoolík]
boisson (f) non alcoolisée	pije e lehtë (f)	[píjɛ ɛ léhtə]
rafraîchissement (m)	pije freskuese (f)	[píjɛ frɛskúɛsɛ]
limonade (f)	limonadë (f)	[limonádə]
boissons (f pl) alcoolisées	likere (pl)	[likérɛ]
vin (m)	verë (f)	[vérə]
vin (m) blanc	verë e bardhë (f)	[vérə ɛ bárðə]
vin (m) rouge	verë e kuqe (f)	[vérə ɛ kúcɛ]
liqueur (f)	liker (m)	[likér]
champagne (m)	shampanjë (f)	[ʃampáɲə]
vermouth (m)	vermut (m)	[vɛrmút]
whisky (m)	uiski (m)	[víski]
vodka (f)	vodkë (f)	[vódkə]
gin (m)	xhin (m)	[dʒin]
cognac (m)	konjak (m)	[koɲák]
rhum (m)	rum (m)	[rum]
café (m)	kafe (f)	[káfɛ]
café (m) noir	kafe e zezë (f)	[káfɛ ɛ zézə]
café (m) au lait	kafe me qumësht (m)	[káfɛ mɛ cúməʃt]
cappuccino (m)	kapuçino (m)	[kaputʃíno]
café (m) soluble	neskafe (f)	[nɛskáfɛ]
lait (m)	qumësht (m)	[cúməʃt]
cocktail (m)	koktej (m)	[koktéj]
cocktail (m) au lait	milkshake (f)	[milkʃákɛ]
jus (m)	lëng frutash (m)	[ləŋ frútaʃ]
jus (m) de tomate	lëng domatesh (m)	[ləŋ domátɛʃ]
jus (m) d'orange	lëng portokalli (m)	[ləŋ portokáɫi]
jus (m) pressé	lëng frutash i freskët (m)	[ləŋ frútaʃ i fréskət]
bière (f)	birrë (f)	[bírə]
bière (f) blonde	birrë e lehtë (f)	[bírə ɛ léhtə]
bière (f) brune	birrë e zezë (f)	[bírə ɛ zézə]
thé (m)	çaj (m)	[tʃáj]
thé (m) noir	çaj i zi (m)	[tʃáj i zí]
thé (m) vert	çaj jeshil (m)	[tʃáj jɛʃíl]

43. Les légumes

légumes (m pl)	perime (pl)	[pɛrímɛ]
verdure (f)	zarzavate (pl)	[zarzavátɛ]
tomate (f)	domate (f)	[domátɛ]
concombre (m)	kastravec (m)	[kastravéts]
carotte (f)	karotë (f)	[karótə]
pomme (f) de terre	patate (f)	[patátɛ]
oignon (m)	qepë (f)	[cépə]

ail (m)	hudhër (f)	[húðər]
chou (m)	lakër (f)	[lákər]
chou-fleur (m)	lulelakër (f)	[lulɛlákər]
chou (m) de Bruxelles	lakër Brukseli (f)	[lákər brukséli]
brocoli (m)	brokoli (m)	[brókoli]
betterave (f)	panxhar (m)	[pandʒár]
aubergine (f)	patëllxhan (m)	[patəɫdʒán]
courgette (f)	kungulleshë (m)	[kuɲuɫéʃə]
potiron (m)	kungull (m)	[kúɲuɫ]
navet (m)	rrepë (f)	[répə]
persil (m)	majdanoz (m)	[majdanóz]
fenouil (m)	kopër (f)	[kópər]
laitue (f) (salade)	sallatë jeshile (f)	[saɫátə jɛʃílɛ]
céleri (m)	selino (f)	[sɛlíno]
asperge (f)	asparagus (m)	[asparágus]
épinard (m)	spinaq (m)	[spinác]
pois (m)	bizele (f)	[bizélɛ]
fèves (f pl)	fasule (f)	[fasúlɛ]
maïs (m)	misër (m)	[mísər]
haricot (m)	groshë (f)	[gróʃə]
poivron (m)	spec (m)	[spɛts]
radis (m)	rrepkë (f)	[répkə]
artichaut (m)	angjinare (f)	[aɲɟinárɛ]

44. Les fruits. Les noix

fruit (m)	frut (m)	[frut]
pomme (f)	mollë (f)	[móɫə]
poire (f)	dardhë (f)	[dárðə]
citron (m)	limon (m)	[limón]
orange (f)	portokall (m)	[portokáɫ]
fraise (f)	luleshtrydhe (f)	[lulɛʃtrýðɛ]
mandarine (f)	mandarinë (f)	[mandarínə]
prune (f)	kumbull (f)	[kúmbuɫ]
pêche (f)	pjeshkë (f)	[pjéʃkə]
abricot (m)	kajsi (f)	[kajsí]
framboise (f)	mjedër (f)	[mjédər]
ananas (m)	ananas (m)	[ananás]
banane (f)	banane (f)	[banánɛ]
pastèque (f)	shalqi (m)	[ʃalcí]
raisin (m)	rrush (m)	[ruʃ]
cerise (f)	qershi vishnje (f)	[cɛrʃi víʃɲɛ]
merise (f)	qershi (f)	[cɛrʃí]
melon (m)	pjepër (m)	[pjépər]
pamplemousse (m)	grejpfrut (m)	[grɛjpfrút]
avocat (m)	avokado (f)	[avokádo]
papaye (f)	papaja (f)	[papája]

| mangue (f) | mango (f) | [máŋo] |
| grenade (f) | shegë (f) | [ʃégə] |

groseille (f) rouge	kaliboba e kuqe (f)	[kalibóba ɛ kúcɛ]
cassis (m)	kaliboba e zezë (f)	[kalibóba ɛ zézə]
groseille (f) verte	kulumbri (f)	[kulumbrí]
myrtille (f)	boronicë (f)	[boronítsə]
mûre (f)	manaferra (f)	[manaféra]

raisin (m) sec	rrush i thatë (m)	[ruʃ i θátə]
figue (f)	fik (m)	[fik]
datte (f)	hurmë (f)	[húrmə]

cacahuète (f)	kikirik (m)	[kikirík]
amande (f)	bajame (f)	[bajámɛ]
noix (f)	arrë (f)	[árə]
noisette (f)	lajthi (f)	[lajθí]
noix (f) de coco	arrë kokosi (f)	[árə kokósi]
pistaches (f pl)	fëstëk (m)	[fəsték]

45. Le pain. Les confiseries

confiserie (f)	ëmbëlsira (pl)	[əmbəlsíra]
pain (m)	bukë (f)	[búkə]
biscuit (m)	biskota (pl)	[biskóta]

chocolat (m)	çokollatë (f)	[tʃokołátə]
en chocolat (adj)	prej çokollate	[prɛj tʃokołátɛ]
bonbon (m)	karamele (f)	[karamélɛ]
gâteau (m), pâtisserie (f)	kek (m)	[kék]
tarte (f)	tortë (f)	[tórtə]

| gâteau (m) | tortë (f) | [tórtə] |
| garniture (f) | mbushje (f) | [mbúʃjɛ] |

confiture (f)	reçel (m)	[rɛtʃél]
marmelade (f)	marmelatë (f)	[marmɛlátə]
gaufre (f)	vafera (pl)	[vaféra]
glace (f)	akullore (f)	[akułórɛ]
pudding (m)	puding (m)	[pudíŋ]

46. Les plats cuisinês

plat (m)	pjatë (f)	[pjátə]
cuisine (f)	kuzhinë (f)	[kuʒínə]
recette (f)	recetë (f)	[rɛtsétə]
portion (f)	racion (m)	[ratsión]

salade (f)	sallatë (f)	[sałátə]
soupe (f)	supë (f)	[súpə]
bouillon (m)	lëng mishi (m)	[ləŋ míʃi]
sandwich (m)	sandviç (m)	[sandvítʃ]

les œufs brouillés	vezë të skuqura (pl)	[vézə tə skúcura]
hamburger (m)	hamburger	[hamburgér]
steak (m)	biftek (m)	[bifték]

garniture (f)	garniturë (f)	[garnitúrə]
spaghettis (m pl)	shpageti (pl)	[ʃpagéti]
purée (f)	pure patatesh (f)	[puré patátɛʃ]
pizza (f)	pica (f)	[pítsa]
bouillie (f)	qull (m)	[cuɫ]
omelette (f)	omëletë (f)	[oməlétə]

cuit à l'eau (adj)	i zier	[i zíɛr]
fumé (adj)	i tymosur	[i tymósur]
frit (adj)	i skuqur	[i skúcur]
sec (adj)	i tharë	[i θárə]
congelé (adj)	i ngrirë	[i ŋrírə]
mariné (adj)	i marinuar	[i marinúar]

sucré (adj)	i ëmbël	[i émbəl]
salé (adj)	i kripur	[i krípur]
froid (adj)	i ftohtë	[i ftóhtə]
chaud (adj)	i nxehtë	[i ndzéhtə]
amer (adj)	i hidhur	[i híður]
bon (savoureux)	i shijshëm	[i ʃíjʃəm]

cuire à l'eau	ziej	[zíɛj]
préparer (le dîner)	gatuaj	[gatúaj]
faire frire	skuq	[skuc]
réchauffer (vt)	ngroh	[ŋróh]

saler (vt)	hedh kripë	[hɛð krípə]
poivrer (vt)	hedh piper	[hɛð pipér]
râper (vt)	rendoj	[rɛndój]
peau (f)	lëkurë (f)	[ləkúrə]
éplucher (vt)	qëroj	[cərój]

47. Les épices

sel (m)	kripë (f)	[krípə]
salé (adj)	i kripur	[i krípur]
saler (vt)	hedh kripë	[hɛð krípə]

poivre (m) noir	piper i zi (m)	[pipér i zi]
poivre (m) rouge	piper i kuq (m)	[pipér i kuc]
moutarde (f)	mustardë (f)	[mustárdə]
raifort (m)	rrepë djegëse (f)	[répə djégəsɛ]

condiment (m)	salcë (f)	[sáltsə]
épice (f)	erëz (f)	[érəz]
sauce (f)	salcë (f)	[sáltsə]
vinaigre (m)	uthull (f)	[úθuɫ]

anis (m)	anisetë (f)	[anisétə]
basilic (m)	borzilok (m)	[borzilók]

clou (m) de girofle	karafil (m)	[karafíl]
gingembre (m)	xhenxhefil (m)	[dʒɛndʒɛfíl]
coriandre (m)	koriandër (m)	[koriándər]
cannelle (f)	kanellë (f)	[kanéɬə]

sésame (m)	susam (m)	[susám]
feuille (f) de laurier	gjeth dafine (m)	[ɟɛθ dafínɛ]
paprika (m)	spec (m)	[spɛts]
cumin (m)	kumin (m)	[kumín]
safran (m)	shafran (m)	[ʃafrán]

48. Les repas

| nourriture (f) | ushqim (m) | [uʃcím] |
| manger (vi, vt) | ha | [ha] |

petit déjeuner (m)	mëngjes (m)	[məɲés]
prendre le petit déjeuner	ha mëngjes	[ha məɲés]
déjeuner (m)	drekë (f)	[drékə]
déjeuner (vi)	ha drekë	[ha drékə]
dîner (m)	darkë (f)	[dárkə]
dîner (vi)	ha darkë	[ha dárkə]

| appétit (m) | oreks (m) | [oréks] |
| Bon appétit! | Të bëftë mirë! | [tə bəftə mírə!] |

ouvrir (vt)	hap	[hap]
renverser (liquide)	derdh	[dérð]
se renverser (liquide)	derdhje	[dérðjɛ]

bouillir (vi)	ziej	[zíɛj]
faire bouillir	ziej	[zíɛj]
bouilli (l'eau ~e)	i zier	[i zíɛr]
refroidir (vt)	ftoh	[ftoh]
se refroidir (vp)	ftohje	[ftóhjɛ]

| goût (m) | shije (f) | [ʃíjɛ] |
| arrière-goût (m) | shije (f) | [ʃíjɛ] |

suivre un régime	dobësohem	[dobəsóhɛm]
régime (m)	dietë (f)	[diétə]
vitamine (f)	vitaminë (f)	[vitamínə]
calorie (f)	kalori (f)	[kalorí]

| végétarien (m) | vegjetarian (m) | [vɛɟetarián] |
| végétarien (adj) | vegjetarian | [vɛɟetarián] |

lipides (m pl)	yndyrë (f)	[yndýrə]
protéines (f pl)	proteinë (f)	[protɛínə]
glucides (m pl)	karbohidrat (m)	[karbohidrát]

tranche (f)	fetë (f)	[fétə]
morceau (m)	copë (f)	[tsópə]
miette (f)	dromcë (f)	[drómtsə]

49. Le dressage de la table

cuillère (f)	lugë (f)	[lúgə]
couteau (m)	thikë (f)	[θíkə]
fourchette (f)	pirun (m)	[pirún]
tasse (f)	filxhan (m)	[fildʒán]
assiette (f)	pjatë (f)	[pjátə]
soucoupe (f)	pjatë filxhani (f)	[pjátə fildʒáni]
serviette (f)	pecetë (f)	[pɛtsétə]
cure-dent (m)	kruajtëse dhëmbësh (f)	[krúajtəsɛ ðémbəʃ]

50. Le restaurant

restaurant (m)	restorant (m)	[rɛstoránt]
salon (m) de café	kafene (f)	[kafɛné]
bar (m)	pab (m), pijetore (f)	[pab], [pijɛtórɛ]
salon (m) de thé	çajtore (f)	[tʃajtórɛ]
serveur (m)	kamerier (m)	[kamɛriér]
serveuse (f)	kameriere (f)	[kamɛriérɛ]
barman (m)	banakier (m)	[banakiér]
carte (f)	menu (f)	[mɛnú]
carte (f) des vins	menu verërash (f)	[mɛnú vérəraʃ]
réserver une table	rezervoj një tavolinë	[rɛzɛrvój ɲə tavolínə]
plat (m)	pjatë (f)	[pjátə]
commander (vt)	porosis	[porosís]
faire la commande	bëj porosinë	[bəj porosínə]
apéritif (m)	aperitiv (m)	[apɛritív]
hors-d'œuvre (m)	antipastë (f)	[antipástə]
dessert (m)	ëmbëlsirë (f)	[əmbəlsírə]
addition (f)	faturë (f)	[fatúrə]
régler l'addition	paguaj faturën	[pagúaj fatúrən]
rendre la monnaie	jap kusur	[jap kusúr]
pourboire (m)	bakshish (m)	[bakʃíʃ]

La famille. Les parents. Les amis

51. Les données personnelles. Les formulaires

prénom (m)	emër (m)	[émər]
nom (m) de famille	mbiemër (m)	[mbiémər]
date (f) de naissance	datëlindje (f)	[datəlíndjɛ]
lieu (m) de naissance	vendlindje (f)	[vɛndlíndjɛ]
nationalité (f)	kombësi (f)	[kombəsí]
domicile (m)	vendbanim (m)	[vɛndbaním]
pays (m)	shtet (m)	[ʃtɛt]
profession (f)	profesion (m)	[profɛsión]
sexe (m)	gjinia (f)	[ɟinía]
taille (f)	gjatësia (f)	[ɟatəsía]
poids (m)	peshë (f)	[péʃə]

52. La famille. Les liens de parenté

mère (f)	nënë (f)	[nénə]
père (m)	baba (f)	[babá]
fils (m)	bir (m)	[bir]
fille (f)	bijë (f)	[bíjə]
fille (f) cadette	vajza e vogël (f)	[vájza ɛ vógəl]
fils (m) cadet	djali i vogël (m)	[djáli i vógəl]
fille (f) aînée	vajza e madhe (f)	[vájza ɛ máðɛ]
fils (m) aîné	djali i vogël (m)	[djáli i vógəl]
frère (m)	vëlla (m)	[vəɫá]
frère (m) aîné	vëllai i madh (m)	[vəɫái i mað]
frère (m) cadet	vëllai i vogël (m)	[vəɫai i vógəl]
sœur (f)	motër (f)	[mótər]
sœur (f) aînée	motra e madhe (f)	[mótra ɛ máðɛ]
sœur (f) cadette	motra e vogël (f)	[mótra ɛ vógəl]
cousin (m)	kushëri (m)	[kuʃərí]
cousine (f)	kushërirë (f)	[kuʃərírə]
maman (f)	mami (f)	[mámi]
papa (m)	babi (m)	[bábi]
parents (m pl)	prindër (pl)	[príndər]
enfant (m, f)	fëmijë (f)	[fəmíjə]
enfants (pl)	fëmijë (pl)	[fəmíjə]
grand-mère (f)	gjyshe (f)	[ɟýʃɛ]
grand-père (m)	gjysh (m)	[ɟyʃ]

petit-fils (m)	nip (m)	[nip]
petite-fille (f)	mbesë (f)	[mbésə]
petits-enfants (pl)	nipër e mbesa (pl)	[nípər ɛ mbésa]

oncle (m)	dajë (f)	[dájə]
tante (f)	teze (f)	[tézɛ]
neveu (m)	nip (m)	[nip]
nièce (f)	mbesë (f)	[mbésə]

belle-mère (f)	vjehrrë (f)	[vjéhrə]
beau-père (m)	vjehrri (m)	[vjéhri]
gendre (m)	dhëndër (m)	[ðéndər]
belle-mère (f)	njerkë (f)	[ɲérkə]
beau-père (m)	njerk (m)	[ɲérk]

nourrisson (m)	foshnjë (f)	[fóʃnə]
bébé (m)	fëmijë (f)	[fəmíjə]
petit (m)	djalosh (m)	[djalóʃ]

femme (f)	bashkëshorte (f)	[baʃkəʃórtɛ]
mari (m)	bashkëshort (m)	[baʃkəʃórt]
époux (m)	bashkëshort (m)	[baʃkəʃórt]
épouse (f)	bashkëshorte (f)	[baʃkəʃórtɛ]

marié (adj)	i martuar	[i martúar]
mariée (adj)	e martuar	[ɛ martúar]
célibataire (adj)	beqar	[bɛcár]
célibataire (m)	beqar (m)	[bɛcár]
divorcé (adj)	i divorcuar	[i divortsúar]
veuve (f)	vejushë (f)	[vɛjúʃə]
veuf (m)	vejan (m)	[vɛján]

parent (m)	kushëri (m)	[kuʃərí]
parent (m) proche	kushëri i afërt (m)	[kuʃərí i áfərt]
parent (m) éloigné	kushëri i largët (m)	[kuʃərí i lárgət]
parents (m pl)	kushërinj (pl)	[kuʃəríɲ]

orphelin (m)	jetim (m)	[jɛtím]
orpheline (f)	jetime (f)	[jɛtímɛ]
tuteur (m)	kujdestar (m)	[kujdɛstár]
adopter (un garçon)	adoptoj	[adoptój]
adopter (une fille)	adoptoj	[adoptój]

53. Les amis. Les collègues

ami (m)	mik (m)	[mik]
amie (f)	mike (f)	[míkɛ]
amitié (f)	miqësi (f)	[micəsí]
être ami	të miqësohem	[tə micəsóhɛm]

copain (m)	shok (m)	[ʃok]
copine (f)	shoqe (f)	[ʃócɛ]
partenaire (m)	partner (m)	[partnér]
chef (m)	shef (m)	[ʃɛf]

supérieur (m)	epror (m)	[εprór]
propriétaire (m)	pronar (m)	[pronár]
subordonné (m)	vartës (m)	[vártəs]
collègue (m, f)	koleg (m)	[kolég]
connaissance (f)	i njohur (m)	[i ɲóhur]
compagnon (m) de route	bashkudhëtar (m)	[baʃkuðətár]
copain (m) de classe	shok klase (m)	[ʃok klásε]
voisin (m)	komshi (m)	[komʃí]
voisine (f)	komshike (f)	[komʃíkε]
voisins (m pl)	komshinj (pl)	[komʃíɲ]

54. L'homme. La femme

femme (f)	grua (f)	[grúa]
jeune fille (f)	vajzë (f)	[vájzə]
fiancée (f)	nuse (f)	[núsε]
belle (adj)	i bukur	[i búkur]
de grande taille	i gjatë	[i ɟátə]
svelte (adj)	i hollë	[i hóɫə]
de petite taille	i shkurtër	[i ʃkúrtər]
blonde (f)	bionde (f)	[bióndε]
brune (f)	zeshkane (f)	[zεʃkánε]
de femme (adj)	për femra	[pər fémra]
vierge (f)	virgjëreshë (f)	[virɟəréʃə]
enceinte (adj)	shtatzënë	[ʃtatzénə]
homme (m)	burrë (m)	[búrə]
blond (m)	biond (m)	[biónd]
brun (m)	zeshkan (m)	[zεʃkán]
de grande taille	i gjatë	[i ɟátə]
de petite taille	i shkurtër	[i ʃkúrtər]
rude (adj)	i vrazhdë	[i vráʒdə]
trapu (adj)	trupngjeshur	[trupnɟéʃur]
robuste (adj)	i fuqishëm	[i fucíʃəm]
fort (adj)	i fortë	[i fórtə]
force (f)	forcë (f)	[fórtsə]
gros (adj)	bullafiq	[buɫafíc]
basané (adj)	zeshkan	[zεʃkán]
svelte (adj)	i hollë	[i hóɫə]
élégant (adj)	elegant	[εlεgánt]

55. L'age

âge (m)	moshë (f)	[móʃə]
jeunesse (f)	rini (f)	[riní]

jeune (adj)	i ri	[i rí]
plus jeune (adj)	më i ri	[mə i rí]
plus âgé (adj)	më i vjetër	[mə i vjétər]

jeune homme (m)	djalë i ri (m)	[djálə i rí]
adolescent (m)	adoleshent (m)	[adolɛʃént]
gars (m)	djalë (f)	[djálə]

| vieillard (m) | plak (m) | [plak] |
| vieille femme (f) | plakë (f) | [plákə] |

adulte (m)	i rritur	[i rítur]
d'âge moyen (adj)	mesoburrë	[mɛsobúrə]
âgé (adj)	i moshuar	[i moʃúar]
vieux (adj)	i vjetër	[i vjétər]

retraite (f)	pension (m)	[pɛnsión]
prendre sa retraite	dal në pension	[dál nə pɛnsión]
retraité (m)	pensionist (m)	[pɛnsioníst]

56. Les enfants. Les adolescents

enfant (m, f)	fëmijë (f)	[fəmíjə]
enfants (pl)	fëmijë (pl)	[fəmíjə]
jumeaux (m pl)	binjakë (pl)	[biɲákə]

berceau (m)	djep (m)	[djép]
hochet (m)	rraketake (f)	[rakɛtákɛ]
couche (f)	pelenë (f)	[pɛlénə]

tétine (f)	biberon (m)	[bibɛrón]
poussette (m)	karrocë për bebe (f)	[karótsə pər bébɛ]
école (f) maternelle	kopsht fëmijësh (m)	[kópʃt fəmíjəʃ]
baby-sitter (m, f)	dado (f)	[dádo]

enfance (f)	fëmijëri (f)	[fəmijərí]
poupée (f)	kukull (f)	[kúkuɫ]
jouet (m)	lodër (f)	[lódər]
jeu (m) de construction	lodër për ndërtim (m)	[lódər pər ndərtím]
bien élevé (adj)	i edukuar	[i ɛdukúar]
mal élevé (adj)	i paedukuar	[i paɛdukúar]
gâté (adj)	i llastuar	[i ɫastúar]

faire le vilain	trazovaç	[trazovátʃ]
vilain (adj)	mistrec	[mistréts]
espièglerie (f)	shpirtligësi (f)	[ʃpirtligəsí]
vilain (m)	fëmijë mistrec (m)	[fəmíjə mistréts]

| obéissant (adj) | i bindur | [i bíndur] |
| désobéissant (adj) | i pabindur | [i pabíndur] |

sage (adj)	i butë	[i bútə]
intelligent (adj)	i zgjuar	[i zɟúar]
l'enfant prodige	fëmijë gjeni (m)	[fəmíjə ɟɛní]

57. Les couples mariés. La vie de famille

embrasser (sur les lèvres)	puth	[puθ]
s'embrasser (vp)	puthem	[púθɛm]
famille (f)	familje (f)	[famíljɛ]
familial (adj)	familjare	[familjáɾɛ]
couple (m)	çift (m)	[tʃíft]
mariage (m) (~ civil)	martesë (f)	[martésə]
foyer (m) familial	vatra (f)	[vátra]
dynastie (f)	dinasti (f)	[dinastí]
rendez-vous (m)	takim (m)	[takím]
baiser (m)	puthje (f)	[púθjɛ]
amour (m)	dashuri (f)	[daʃurí]
aimer (qn)	dashuroj	[daʃurój]
aimé (adj)	i dashur	[i dáʃur]
tendresse (f)	ndjeshmëri (f)	[ndjɛʃmərí]
tendre (affectueux)	i ndjeshëm	[i ndjéʃəm]
fidélité (f)	besnikëri (f)	[bɛsnikərí]
fidèle (adj)	besnik	[bɛsník]
soin (m) (~ de qn)	kujdes (m)	[kujdés]
attentionné (adj)	i dashur	[i dáʃur]
jeunes mariés (pl)	të porsamartuar (pl)	[tə porsamartúar]
lune (f) de miel	muaj mjalti (m)	[múaj mjálti]
se marier (prendre pour époux)	martohem	[martóhɛm]
se marier (prendre pour épouse)	martohem	[martóhɛm]
mariage (m)	dasmë (f)	[dásmə]
les noces d'or	martesë e artë (f)	[martésə ɛ ártə]
anniversaire (m)	përvjetor (m)	[pərvjɛtór]
amant (m)	dashnor (m)	[daʃnór]
maîtresse (f)	dashnore (f)	[daʃnóɾɛ]
adultère (m)	tradhti bashkëshortore (f)	[traðtí baʃkəʃortóɾɛ]
commettre l'adultère	tradhtoj ...	[traðtój ...]
jaloux (adj)	xheloz	[dʒɛlóz]
être jaloux	jam xheloz	[jam dʒɛlóz]
divorce (m)	divorc (m)	[divórts]
divorcer (vi)	divorcoj	[divortsój]
se disputer (vp)	grindem	[gríndɛm]
se réconcilier (vp)	pajtohem	[pajtóhɛm]
ensemble (adv)	së bashku	[sə báʃku]
sexe (m)	seks (m)	[sɛks]
bonheur (m)	lumturi (f)	[lumturí]
heureux (adj)	i lumtur	[i lúmtur]
malheur (m)	fatkeqësi (f)	[fatkɛcəsí]
malheureux (adj)	i trishtuar	[i triʃtúar]

Le caractère. Les émotions

58. Les sentiments. Les émotions

sentiment (m)	**ndjenjë** (f)	[ndjéɲə]
sentiments (m pl)	**ndjenja** (pl)	[ndjéɲa]
sentir (vt)	**ndjej**	[ndjéj]
faim (f)	**uri** (f)	[urí]
avoir faim	**kam uri**	[kam urí]
soif (f)	**etje** (f)	[étjɛ]
avoir soif	**kam etje**	[kam étjɛ]
somnolence (f)	**përgjumësi** (f)	[pərɟuməsí]
avoir sommeil	**përgjumje**	[pərɟúmjɛ]
fatigue (f)	**lodhje** (f)	[lóðjɛ]
fatigué (adj)	**i lodhur**	[i lóður]
être fatigué	**lodhem**	[lóðɛm]
humeur (f) (de bonne ~)	**humor** (m)	[humór]
ennui (m)	**mërzitje** (f)	[mərzítjɛ]
s'ennuyer (vp)	**mërzitem**	[mərzítɛm]
solitude (f)	**izolim** (m)	[izolím]
s'isoler (vp)	**izolohem**	[izolóhɛm]
inquiéter (vt)	**shqetësoj**	[ʃcɛtəsój]
s'inquiéter (vp)	**shqetësohem**	[ʃcɛtəsóhɛm]
inquiétude (f)	**shqetësim** (m)	[ʃcɛtəsím]
préoccupation (f)	**ankth** (m)	[ankθ]
soucieux (adj)	**i merakosur**	[i mɛrakósur]
s'énerver (vp)	**nervozohem**	[nɛrvozóhɛm]
paniquer (vi)	**më zë paniku**	[mə zə paníku]
espoir (m)	**shpresë** (f)	[ʃprésə]
espérer (vi)	**shpresoj**	[ʃprɛsój]
certitude (f)	**siguri** (f)	[sigurí]
certain (adj)	**i sigurt**	[i sígurt]
incertitude (f)	**pasiguri** (f)	[pasigurí]
incertain (adj)	**i pasigurt**	[i pasígurt]
ivre (adj)	**i dehur**	[i déhur]
sobre (adj)	**i kthjellët**	[i kθjéɬət]
faible (adj)	**i dobët**	[i dóbət]
heureux (adj)	**i lumtur**	[i lúmtur]
faire peur	**tremb**	[trɛmb]
fureur (f)	**tërbim** (m)	[tərbím]
rage (f), colère (f)	**inat** (m)	[inát]
dépression (f)	**depresion** (m)	[dɛprɛsión]
inconfort (m)	**parehati** (f)	[parɛhatí]

confort (m)	rehati (f)	[rɛhatí]
regretter (vt)	pendohem	[pɛndóhɛm]
regret (m)	pendim (m)	[pɛndím]
malchance (f)	ters (m)	[tɛrs]
tristesse (f)	trishtim (m)	[triʃtím]

honte (f)	turp (m)	[turp]
joie, allégresse (f)	gëzim (m)	[gəzím]
enthousiasme (m)	entuziazëm (m)	[ɛntuziázəm]
enthousiaste (m)	entuziast (m)	[ɛntuziást]
avoir de l'enthousiasme	tregoj entuziazëm	[trɛgój ɛntuziázəm]

59. Le caractère. La personnalité

caractère (m)	karakter (m)	[karaktér]
défaut (m)	dobësi karakteri (f)	[dobəsí karaktéri]
esprit (m)	mendje (f)	[méndjɛ]
raison (f)	arsye (f)	[arsýɛ]

conscience (f)	ndërgjegje (f)	[ndərɟéɟɛ]
habitude (f)	zakon (m)	[zakón]
capacité (f)	aftësi (f)	[aftəsí]
savoir (faire qch)	mund	[mund]

patient (adj)	i duruar	[i durúar]
impatient (adj)	i paduruar	[i padurúar]
curieux (adj)	kurioz	[kurióz]
curiosité (f)	kuriozitet (m)	[kuriozitét]

modestie (f)	modesti (f)	[modɛstí]
modeste (adj)	modest	[modést]
vaniteux (adj)	i paturpshëm	[i patúrpʃəm]

paresse (f)	dembeli (f)	[dɛmbɛlí]
paresseux (adj)	dembel	[dɛmbél]
paresseux (m)	dembel (m)	[dɛmbél]

astuce (f)	dinakëri (f)	[dinakərí]
rusé (adj)	dinak	[dinák]
méfiance (f)	mosbesim (m)	[mosbɛsím]
méfiant (adj)	mosbesues	[mosbɛsúɛs]

générosité (f)	zemërgjerësi (f)	[zɛmərɟɛrəsí]
généreux (adj)	zemërgjerë	[zɛmərɟérə]
doué (adj)	i talentuar	[i talɛntúar]
talent (m)	talent (m)	[talént]

courageux (adj)	i guximshëm	[i gudzímʃəm]
courage (m)	guxim (m)	[gudzím]
honnête (adj)	i ndershëm	[i ndérʃəm]
honnêteté (f)	ndershmëri (f)	[ndɛrʃmərí]

| prudent (adj) | i kujdesshëm | [i kujdésʃəm] |
| courageux (adj) | trim, guximtar | [trim], [gudzimtár] |

| sérieux (adj) | serioz | [sɛrióz] |
| sévère (adj) | i rreptë | [i réptə] |

décidé (adj)	i vendosur	[i vɛndósur]
indécis (adj)	i pavendosur	[i pavɛndósur]
timide (adj)	i turpshëm	[i túrpʃəm]
timidité (f)	turp (m)	[turp]

confiance (f)	besim në vetvete (m)	[bɛsím nə vɛtvétɛ]
croire (qn)	besoj	[bɛsój]
confiant (adj)	i besueshëm	[i bɛsúɛʃəm]

sincèrement (adv)	sinqerisht	[sínɛriʃt]
sincère (adj)	i sinqertë	[i sinɛértə]
sincérité (f)	sinqeritet (m)	[sinɛritét]
ouvert (adj)	i hapur	[i hápur]

calme (adj)	i qetë	[i cétə]
franc (sincère)	i dëlirë	[i dəlírə]
naïf (adj)	naiv	[naív]
distrait (adj)	i hutuar	[i hutúar]
drôle, amusant (adj)	zbavitës	[zbavítəs]

avidité (f)	lakmi (f)	[lakmí]
avare (adj)	lakmues	[lakmúɛs]
radin (adj)	koprrac	[kopráts]
méchant (adj)	djallëzor	[djaɫəzór]
têtu (adj)	kokëfortë	[kokəfórtə]
désagréable (adj)	i pakëndshëm	[i pakéndʃəm]

égoïste (m)	egoist (m)	[ɛgoíst]
égoïste (adj)	egoist	[ɛgoíst]
peureux (m)	frikacak (m)	[frikatsák]
peureux (adj)	frikacak	[frikatsák]

60. Le sommeil. Les rêves

dormir (vi)	fle	[flɛ]
sommeil (m)	gjumë (m)	[ɟúmə]
rêve (m)	ëndërr (m)	[éndər]
rêver (en dormant)	ëndërroj	[əndərój]
endormi (adj)	përgjumshëm	[pərɟúmʃəm]

lit (m)	shtrat (m)	[ʃtrat]
matelas (m)	dyshek (m)	[dyʃék]
couverture (f)	mbulesë (f)	[mbulésə]
oreiller (m)	jastëk (m)	[jasték]
drap (m)	çarçaf (m)	[tʃartʃáf]

insomnie (f)	pagjumësi (f)	[paɟuməsí]
sans sommeil (adj)	i pagjumë	[i paɟúmə]
somnifère (m)	ilaç gjumi (m)	[ilátʃ ɟúmi]
prendre un somnifère	marr ilaç gjumi	[mar ilátʃ ɟúmi]
avoir sommeil	përgjumje	[pərɟúmjɛ]

bâiller (vi)	më hapet goja	[mə hápɛt gója]
aller se coucher	shkoj të fle	[ʃkoj tə flɛ]
faire le lit	rregulloj shtratin	[rɛguɫój ʃtrátin]
s'endormir (vp)	më zë gjumi	[mə zə ɉúmi]

cauchemar (m)	ankth (m)	[ankθ]
ronflement (m)	gërhitje (f)	[gərhítjɛ]
ronfler (vi)	gërhas	[gərhás]

réveil (m)	orë me zile (f)	[órə mɛ zílɛ]
réveiller (vt)	zgjoj	[zɉoj]
se réveiller (vp)	zgjohem nga gjumi	[zɉóhɛm ŋa ɉúmi]
se lever (tôt, tard)	ngrihem	[ŋríhɛm]
se laver (le visage)	laj	[laj]

61. L'humour. Le rire. La joie

humour (m)	humor (m)	[humór]
sens (m) de l'humour	sens humori (m)	[sɛns humóri]
s'amuser (vp)	kënaqem	[kənácɛm]
joyeux (adj)	gëzueshëm	[gəzúɛʃəm]
joie, allégresse (f)	gëzim (m)	[gəzím]

sourire (m)	buzëqeshje (f)	[buzəcéʃjɛ]
sourire (vi)	buzëqesh	[buzəcéʃ]
se mettre à rire	filloj të qesh	[fiɫój tə céʃ]
rire (vi)	qesh	[cɛʃ]
rire (m)	qeshje (f)	[céʃjɛ]

anecdote (f)	anekdotë (f)	[anɛkdótə]
drôle, amusant (adj)	për të qeshur	[pər tə céʃur]
comique, ridicule (adj)	zbavitës	[zbavítəs]

plaisanter (vi)	bëj shaka	[bəj ʃaká]
plaisanterie (f)	shaka (f)	[ʃaká]
joie (f) (émotion)	gëzim (m)	[gəzím]
se réjouir (vp)	ngazëllohem	[ŋazəɫóhɛm]
joyeux (adj)	gazmor	[gazmór]

62. Dialoguer et communiquer. Partie 1

communication (f)	komunikim (m)	[komunikím]
communiquer (vi)	komunikoj	[komunikój]

conversation (f)	bisedë (f)	[bisédə]
dialogue (m)	dialog (m)	[dialóg]
discussion (f) (débat)	diskutim (m)	[diskutím]
débat (m)	mosmarrëveshje (f)	[mosmarəvéʃɛ]
discuter (vi)	kundërshtoj	[kundərʃtój]

interlocuteur (m)	bashkëbisedues (m)	[baʃkəbisɛdúɛs]
sujet (m)	temë (f)	[témə]

point (m) de vue	pikëpamje (f)	[pikəpámjɛ]
opinion (f)	opinion (m)	[opinión]
discours (m)	fjalim (m)	[fjalím]

discussion (f) (d'un rapport)	diskutim (m)	[diskutím]
discuter (vt)	diskutoj	[diskutój]
conversation (f)	bisedë (f)	[bisédə]
converser (vi)	bisedoj	[bisɛdój]
rencontre (f)	takim (m)	[takím]
se rencontrer (vp)	takoj	[takój]

proverbe (m)	fjalë e urtë (f)	[fjálə ɛ úrtə]
dicton (m)	thënie (f)	[θéniɛ]
devinette (f)	gjëegjëzë (f)	[ɟəéjəzə]
poser une devinette	them gjëegjëzë	[θɛm ɟəéjəzə]
mot (m) de passe	fjalëkalim (m)	[fjaləkalím]
secret (m)	sekret (m)	[sɛkrét]

serment (m)	betim (m)	[bɛtím]
jurer (de faire qch)	betohem	[bɛtóhɛm]
promesse (f)	premtim (m)	[prɛmtím]
promettre (vt)	premtoj	[prɛmtój]

conseil (m)	këshillë (f)	[kəʃíłə]
conseiller (vt)	këshilloj	[kəʃiłój]
suivre le conseil (de qn)	ndjek këshillën	[ndjék kəʃíłən]
écouter (~ ses parents)	bindem ...	[bíndɛm ...]

nouvelle (f)	lajme (f)	[lájmɛ]
sensation (f)	ndjesi (f)	[ndjɛsí]
renseignements (m pl)	informacion (m)	[informatsión]
conclusion (f)	përfundim (m)	[pərfundím]
voix (f)	zë (f)	[zə]
compliment (m)	kompliment (m)	[komplimént]
aimable (adj)	i mirë	[i mírə]

mot (m)	fjalë (f)	[fjálə]
phrase (f)	frazë (f)	[frázə]
réponse (f)	përgjigje (f)	[pərɟíɟɛ]

vérité (f)	e vërtetë (f)	[ɛ vərtétə]
mensonge (m)	gënjeshtër (f)	[gəɲéʃtər]

pensée (f)	mendim (m)	[mɛndím]
idée (f)	ide (f)	[idé]
fantaisie (f)	fantazi (f)	[fantazí]

63. Dialoguer et communiquer. Partie 2

respecté (adj)	i nderuar	[i ndɛrúar]
respecter (vt)	nderoj	[ndɛrój]
respect (m)	nder (m)	[ndér]
Cher ...	i dashur ...	[i dáʃur ...]
présenter (faire connaître)	prezantoj	[prɛzantój]

faire la connaissance	njoftoj	[ɲoftój]
intention (f)	qëllim (m)	[cəɬím]
avoir l'intention	kam ndërmend	[kam ndərménd]
souhait (m)	dëshirë (f)	[dəʃírə]
souhaiter (vt)	dëshiroj	[dəʃirój]
étonnement (m)	surprizë (f)	[surprízə]
étonner (vt)	befasoj	[bɛfasój]
s'étonner (vp)	çuditem	[tʃudítɛm]
donner (vt)	jap	[jap]
prendre (vt)	marr	[mar]
rendre (vt)	kthej	[kθɛj]
retourner (vt)	rikthej	[rikθéj]
s'excuser (vp)	kërkoj falje	[kərkój fáljɛ]
excuse (f)	falje (f)	[fáljɛ]
pardonner (vt)	fal	[fal]
parler (~ avec qn)	flas	[flas]
écouter (vt)	dëgjoj	[dəɟój]
écouter jusqu'au bout	tregoj vëmendje	[trɛgój vəméndjɛ]
comprendre (vt)	kuptoj	[kuptój]
montrer (vt)	tregoj	[trɛgój]
regarder (vt)	shikoj …	[ʃikój …]
appeler (vt)	thërras	[θərás]
distraire (déranger)	tërheq vëmendjen	[tərhéc vəméndjɛn]
ennuyer (déranger)	shqetësoj	[ʃcɛtəsój]
passer (~ le message)	jap	[jap]
prière (f) (demande)	kërkesë (f)	[kərkésə]
demander (vt)	kërkoj	[kərkój]
exigence (f)	kërkesë (f)	[kərkésə]
exiger (vt)	kërkoj	[kərkój]
taquiner (vt)	ngacmoj	[ŋatsmój]
se moquer (vp)	tallem	[táɬɛm]
moquerie (f)	tallje (f)	[táɬjɛ]
surnom (m)	pseudonim (m)	[psɛudoním]
allusion (f)	nënkuptim (m)	[nənkuptím]
faire allusion	nënkuptoj	[nənkuptój]
sous-entendre (vt)	dua të them	[dúa tə θém]
description (f)	përshkrim (m)	[pərʃkrím]
décrire (vt)	përshkruaj	[pərʃkrúaj]
éloge (m)	lëvdatë (f)	[ləvdátə]
louer (vt)	lavdëroj	[lavdərój]
déception (f)	zhgënjim (m)	[ʒgəɲím]
décevoir (vt)	zhgënjej	[ʒgəɲéj]
être déçu	zhgënjehem	[ʒgəɲéhɛm]
supposition (f)	supozim (m)	[supozím]
supposer (vt)	supozoj	[supozój]

avertissement (m)	paralajmërim (m)	[paralajmərím]
prévenir (vt)	paralajmëroj	[paralajmərój]

64. Dialoguer et communiquer. Partie 3

convaincre (vt)	bind	[bínd]
calmer (vt)	qetësoj	[cɛtəsój]
silence (m) (~ est d'or)	heshtje (f)	[héʃtjɛ]
rester silencieux	i heshtur	[i héʃtur]
chuchoter (vi, vt)	pëshpëris	[pəʃpərís]
chuchotement (m)	pëshpërimë (f)	[pəʃpərímə]
sincèrement (adv)	sinqerisht	[síncɛriʃt]
à mon avis ...	sipas mendimit tim ...	[sipás mɛndímit tim ...]
détail (m) (d'une histoire)	detaj (m)	[dɛtáj]
détaillé (adj)	i detajuar	[i dɛtajúar]
en détail (adv)	hollësisht	[hoɫəsíʃt]
indice (m)	sugjerim (m)	[suɟɛrím]
donner un indice	aludoj	[aludój]
regard (m)	shikim (m)	[ʃikím]
jeter un coup d'oeil	i hedh një sy	[i héð ɲə sý]
fixe (un regard ~)	i ngurtë	[i ŋúrtə]
clignoter (vi)	hap e mbyll sytë	[hap ɛ mbýɫ sýtə]
cligner de l'oeil	luaj syrin	[lúaj sýrin]
hocher la tête	pohoj me kokë	[pohój mɛ kókə]
soupir (m)	psherëtimë (f)	[pʃɛrətímə]
soupirer (vi)	psherëtij	[pʃɛrətíj]
tressaillir (vi)	rrëqethem	[rəcéθɛm]
geste (m)	gjest (m)	[ɟɛst]
toucher (de la main)	prek	[prɛk]
saisir (par le bras)	kap	[kap]
taper (sur l'épaule)	prek	[prɛk]
Attention!	Kujdes!	[kujdés!]
Vraiment?	Vërtet?	[vərtét?]
Tu es sûr?	Je i sigurt?	[jɛ i sígurt?]
Bonne chance!	Paç fat!	[patʃ fat!]
Compris!	E kuptova!	[ɛ kuptóva!]
Dommage!	Sa keq!	[sa kɛc!]

65. L'accord. Le refus

accord (m)	leje (f)	[léjɛ]
être d'accord	lejoj	[lɛjój]
approbation (f)	miratim (m)	[miratím]
approuver (vt)	miratoj	[miratój]
refus (m)	refuzim (m)	[rɛfuzím]

se refuser (vp)	refuzoj	[rɛfuzój]
Super!	Të lumtë!	[tə lúmtə!]
Bon!	Në rregull!	[nə réguɫ!]
D'accord!	Në rregull!	[nə réguɫ!]

interdit (adj)	i ndaluar	[i ndalúar]
c'est interdit	është e ndalúar	[éʃtə ɛ ndalúar]
c'est impossible	është e pamundur	[éʃtə ɛ pámundur]
incorrect (adj)	i pasaktë	[i pasáktə]

décliner (vt)	hedh poshtë	[hɛð póʃtə]
soutenir (vt)	mbështes	[mbəʃtés]
accepter (condition, etc.)	pranoj	[pranój]

confirmer (vt)	konfirmoj	[konfirmój]
confirmation (f)	konfirmim (m)	[konfirmím]
permission (f)	leje (f)	[léjɛ]
permettre (vt)	lejoj	[lɛjój]
décision (f)	vendim (m)	[vɛndím]
ne pas dire un mot	nuk them asgjë	[nuk θɛm ásɉə]

condition (f)	kusht (m)	[kuʃt]
excuse (f) (prétexte)	justifikim (m)	[justifikím]
éloge (m)	lëvdata (f)	[ləvdáta]
louer (vt)	lavdëroj	[lavdərój]

66. La réussite. La chance. L'échec

succès (m)	sukses (m)	[suksés]
avec succès (adv)	me sukses	[mɛ suksés]
réussi (adj)	i suksesshëm	[i suksésʃəm]

chance (f)	fat (m)	[fat]
Bonne chance!	Paç fat!	[patʃ fat!]
de chance (jour ~)	me fat	[mɛ fat]
chanceux (adj)	fatlum	[fatlúm]

échec (m)	dështim (m)	[dəʃtím]
infortune (f)	fatkeqësi (f)	[fatkɛcəsí]
malchance (f)	ters (m)	[tɛrs]

| raté (adj) | i pasuksesshëm | [i pasuksésʃəm] |
| catastrophe (f) | katastrofë (f) | [katastrófə] |

fierté (f)	krenari (f)	[krɛnarí]
fier (adj)	krenar	[krɛnár]
être fier	jam krenar	[jam krɛnár]

gagnant (m)	fitues (m)	[fitúɛs]
gagner (vi)	fitoj	[fitój]
perdre (vi)	humb	[húmb]
tentative (f)	përpjekje (f)	[pərpjékjɛ]
essayer (vt)	përpiqem	[pərpícɛm]
chance (f)	shans (m)	[ʃans]

67. Les disputes. Les émotions négatives

cri (m)	britmë (f)	[brítmə]
crier (vi)	bërtas	[bərtás]
se mettre à crier	filloj të ulërij	[fiɫój tə uləríj]
dispute (f)	grindje (f)	[gríndjɛ]
se disputer (vp)	grindem	[gríndɛm]
scandale (m) (dispute)	sherr (m)	[ʃɛr]
faire un scandale	bëj skenë	[bəj skénə]
conflit (m)	konflikt (m)	[konflíkt]
malentendu (m)	keqkuptim (m)	[kɛckuptím]
insulte (f)	ofendim (m)	[ofɛndím]
insulter (vt)	fyej	[fýɛj]
insulté (adj)	i ofenduar	[i ofɛndúar]
offense (f)	fyerje (f)	[fýɛrjɛ]
offenser (vt)	ofendoj	[ofɛndój]
s'offenser (vp)	mbrohem	[mbróhɛm]
indignation (f)	indinjatë (f)	[indiɲátə]
s'indigner (vp)	zemërohem	[zɛməróhɛm]
plainte (f)	ankesë (f)	[ankésə]
se plaindre (vp)	ankohem	[ankóhɛm]
excuse (f)	falje (f)	[fáljɛ]
s'excuser (vp)	kërkoj falje	[kərkój fáljɛ]
demander pardon	kërkoj ndjesë	[kərkój ndjésə]
critique (f)	kritikë (f)	[kritíkə]
critiquer (vt)	kritikoj	[kritikój]
accusation (f)	akuzë (f)	[akúzə]
accuser (vt)	akuzoj	[akuzój]
vengeance (f)	hakmarrje (f)	[hakmárjɛ]
se venger (vp)	hakmerrem	[hakmérɛm]
faire payer (qn)	shpaguaj	[ʃpagúaj]
mépris (m)	përbuzje (f)	[pərbúzjɛ]
mépriser (vt)	përbuz	[pərbúz]
haine (f)	urrejtje (f)	[uréjtjɛ]
haïr (vt)	urrej	[uréj]
nerveux (adj)	nervoz	[nɛrvóz]
s'énerver (vp)	nervozohem	[nɛrvozóhɛm]
fâché (adj)	i zemëruar	[i zɛmərúar]
fâcher (vt)	zemëroj	[zɛmərój]
humiliation (f)	poshtërim (m)	[poʃtərím]
humilier (vt)	poshtëroj	[poʃtərój]
s'humilier (vp)	poshtërohem	[poʃtəróhɛm]
choc (m)	tronditje (f)	[trondítjɛ]
choquer (vt)	trondit	[trondít]
ennui (m) (problème)	shqetësim (m)	[ʃcɛtəsím]

désagréable (adj)	i pakëndshëm	[i pakéndʃəm]
peur (f)	frikë (f)	[fríkə]
terrible (tempête, etc.)	i tmerrshëm	[i tmérʃəm]
effrayant (histoire ~e)	i frikshëm	[i fríkʃəm]
horreur (f)	horror (m)	[horór]
horrible (adj)	i tmerrshëm	[i tmérʃəm]

commencer à trembler	filloj të dridhem	[fiɫój tə dríðɛm]
pleurer (vi)	qaj	[caj]
se mettre à pleurer	filloj të qaj	[fiɫój tə cáj]
larme (f)	lot (m)	[lot]

faute (f)	faj (m)	[faj]
culpabilité (f)	faj (m)	[faj]
déshonneur (m)	turp (m)	[turp]
protestation (f)	protestë (f)	[protéstə]
stress (m)	stres (m)	[strɛs]

déranger (vt)	shqetësoj	[ʃcɛtəsój]
être furieux	tërbohem	[tərbóhɛm]
en colère, fâché (adj)	i inatosur	[i inatósur]
rompre (relations)	përfundoj	[pərfundój]
réprimander (vt)	betohem	[bɛtóhɛm]

prendre peur	tremb	[trɛmb]
frapper (vt)	qëlloj	[cəɫój]
se battre (vp)	grindem	[gríndɛm]

régler (~ un conflit)	zgjidh	[zɟið]
mécontent (adj)	i pakënaqur	[i pakənácur]
enragé (adj)	i xhindosur	[i dʒindósur]

| Ce n'est pas bien! | Nuk është mirë! | [nuk éʃtə mírə!] |
| C'est mal! | Është keq! | [éʃtə kɛc!] |

La médecine

68. Les maladies

maladie (f)	sëmundje (f)	[səmúndjɛ]
être malade	jam sëmurë	[jam səmúrə]
santé (f)	shëndet (m)	[ʃəndét]
rhume (m) (coryza)	rrifë (f)	[rífə]
angine (f)	grykët (m)	[grýkət]
refroidissement (m)	ftohje (f)	[ftóhjɛ]
prendre froid	ftohem	[ftóhɛm]
bronchite (f)	bronkit (m)	[bronkít]
pneumonie (f)	pneumoni (f)	[pnɛumoní]
grippe (f)	grip (m)	[grip]
myope (adj)	miop	[mióp]
presbyte (adj)	presbit	[prɛsbít]
strabisme (m)	strabizëm (m)	[strabízəm]
strabique (adj)	strabik	[strabík]
cataracte (f)	katarakt (m)	[katarákt]
glaucome (m)	glaukoma (f)	[glaukóma]
insulte (f)	goditje (f)	[godítjɛ]
crise (f) cardiaque	sulm në zemër (m)	[sulm nə zémər]
infarctus (m) de myocarde	infarkt miokardiak (m)	[infárkt miokardiák]
paralysie (f)	paralizë (f)	[paralízə]
paralyser (vt)	paralizoj	[paralizój]
allergie (f)	alergji (f)	[alɛrɟí]
asthme (m)	astmë (f)	[ástmə]
diabète (m)	diabet (m)	[diabét]
mal (m) de dents	dhimbje dhëmbi (f)	[ðímbjɛ ðémbi]
carie (f)	karies (m)	[kariés]
diarrhée (f)	diarre (f)	[diaré]
constipation (f)	kapsllëk (m)	[kapsɬék]
estomac (m) barbouillé	dispepsi (f)	[dispɛpsí]
intoxication (f) alimentaire	helmim (m)	[hɛlmím]
être intoxiqué	helmohem nga ushqimi	[hɛlmóhɛm ŋa uʃcími]
arthrite (f)	artrit (m)	[artrít]
rachitisme (m)	rakit (m)	[rakít]
rhumatisme (m)	reumatizëm (m)	[rɛumatízəm]
athérosclérose (f)	arteriosklerozë (f)	[artɛriosklɛrózə]
gastrite (f)	gastrit (m)	[gastrít]
appendicite (f)	apendicit (m)	[apɛnditsít]

cholécystite (f)	kolecistit (m)	[kolɛtsistít]
ulcère (m)	ulcerë (f)	[ultsérə]

rougeole (f)	fruth (m)	[fruθ]
rubéole (f)	rubeola (f)	[rubɛóla]
jaunisse (f)	verdhëza (f)	[vérðəza]
hépatite (f)	hepatit (m)	[hɛpatít]

schizophrénie (f)	skizofreni (f)	[skizofrɛní]
rage (f) (hydrophobie)	sëmundje e tërbimit (f)	[səmúndjɛ ɛ tərbímit]
névrose (f)	neurozë (f)	[nɛurózə]
commotion (f) cérébrale	tronditje (f)	[trondítjɛ]

cancer (m)	kancer (m)	[kantsér]
sclérose (f)	sklerozë (f)	[sklɛrózə]
sclérose (f) en plaques	sklerozë e shumëfishtë (f)	[sklɛróze ɛ ʃuməfíʃtə]

alcoolisme (m)	alkoolizëm (m)	[alkoolízəm]
alcoolique (m)	alkoolik (m)	[alkoolík]
syphilis (f)	sifiliz (m)	[sifilíz]
SIDA (m)	SIDA (f)	[sída]

tumeur (f)	tumor (m)	[tumór]
maligne (adj)	malinj	[malíɲ]
bénigne (adj)	beninj	[bɛníɲ]

fièvre (f)	ethe (f)	[éθɛ]
malaria (f)	malarie (f)	[malaríɛ]
gangrène (f)	gangrenë (f)	[gaɲrénə]
mal (m) de mer	sëmundje deti (f)	[səmúndjɛ déti]
épilepsie (f)	epilepsi (f)	[ɛpilɛpsí]

épidémie (f)	epidemi (f)	[ɛpidɛmí]
typhus (m)	tifo (f)	[tífo]
tuberculose (f)	tuberkuloz (f)	[tubɛrkulóz]
choléra (m)	kolerë (f)	[kolérə]
peste (f)	murtaja (f)	[murtája]

69. Les symptômes. Le traitement. Partie 1

symptôme (m)	simptomë (f)	[simptómə]
température (f)	temperaturë (f)	[tɛmpɛratúrə]
fièvre (f)	temperaturë e lartë (f)	[tɛmpɛratúrə ɛ lártə]
pouls (m)	puls (m)	[puls]

vertige (m)	marrje mendsh (m)	[márjɛ méndʃ]
chaud (adj)	i nxehtë	[i ndzéhtə]
frisson (m)	drithërima (f)	[driθəríma]
pâle (adj)	i zbehur	[i zbéhur]

toux (f)	kollë (f)	[kóɫə]
tousser (vi)	kollitem	[koɫítɛm]
éternuer (vi)	teshtij	[tɛʃtíj]
évanouissement (m)	të fikët (f)	[tə fíkət]

s'évanouir (vp)	bie të fikët	[bíɛ tə fíkət]
bleu (m)	mavijosje (f)	[mavijósjɛ]
bosse (f)	gungë (f)	[gúɲə]
se heurter (vp)	godas	[godás]
meurtrissure (f)	lëndim (m)	[ləndím]
se faire mal	lëndohem	[ləndóhɛm]

boiter (vi)	çaloj	[tʃalój]
foulure (f)	dislokim (m)	[dislokím]
se démettre (l'épaule, etc.)	del nga vendi	[dɛl ŋa véndi]
fracture (f)	thyerje (f)	[θýɛrjɛ]
avoir une fracture	thyej	[θýɛj]

coupure (f)	e prerë (f)	[ɛ prérə]
se couper (~ le doigt)	pres veten	[prɛs vétɛn]
hémorragie (f)	rrjedhje gjaku (f)	[rjéðjɛ ɟáku]

brûlure (f)	djegie (f)	[djégiɛ]
se brûler (vp)	digjem	[díɟɛm]

se piquer (le doigt)	shpoj	[ʃpoj]
se piquer (vp)	shpohem	[ʃpóhɛm]
blesser (vt)	dëmtoj	[dəmtój]
blessure (f)	dëmtim (m)	[dəmtím]
plaie (f) (blessure)	plagë (f)	[plágə]
trauma (m)	traumë (f)	[traúmə]

délirer (vi)	fol përçart	[fól pərtʃárt]
bégayer (vi)	belbëzoj	[bɛlbəzój]
insolation (f)	pikë e diellit (f)	[píkə ɛ diéɫit]

70. Les symptômes. Le traitement. Partie 2

douleur (f)	dhimbje (f)	[ðímbjɛ]
écharde (f)	cifël (f)	[tsífəl]

sueur (f)	djersë (f)	[djérsə]
suer (vi)	djersij	[djɛrsíj]
vomissement (m)	të vjella (f)	[tə vjéɫa]
spasmes (m pl)	konvulsione (f)	[konvulsiónɛ]

enceinte (adj)	shtatzënë	[ʃtatzénə]
naître (vi)	lind	[lind]
accouchement (m)	lindje (f)	[líndjɛ]
accoucher (vi)	sjell në jetë	[sjɛl nə jétə]
avortement (m)	abort (m)	[abórt]

respiration (f)	frymëmarrje (f)	[fryməmárjɛ]
inhalation (f)	mbajtje e frymës (f)	[mbájtjɛ ɛ frýməs]
expiration (f)	lëshim i frymës (m)	[ləʃím i frýməs]
expirer (vi)	nxjerr frymën	[ndzjér frýmən]
inspirer (vi)	marr frymë	[mar frýmə]
invalide (m)	invalid (m)	[invalíd]
handicapé (m)	i gjymtuar (m)	[i ɟymtúar]

drogué (m)	narkoman (m)	[narkomán]
sourd (adj)	shurdh	[ʃurð]
muet (adj)	memec	[mɛméts]
sourd-muet (adj)	shurdh-memec	[ʃurð-mɛméts]

fou (adj)	i marrë	[i márə]
fou (m)	i çmendur (m)	[i tʃméndur]
folle (f)	e çmendur (f)	[ɛ tʃméndur]
devenir fou	çmendem	[tʃméndɛm]

gène (m)	gen (m)	[gɛn]
immunité (f)	imunitet (m)	[imunitét]
héréditaire (adj)	e trashëguar	[ɛ traʃəgúar]
congénital (adj)	e lindur	[ɛ líndur]

virus (m)	virus (m)	[virús]
microbe (m)	mikrob (m)	[mikrób]
bactérie (f)	bakterie (f)	[baktériɛ]
infection (f)	infeksion (m)	[infɛksión]

71. Les symptômes. Le traitement. Partie 3

hôpital (m)	spital (m)	[spitál]
patient (m)	pacient (m)	[patsiént]

diagnostic (m)	diagnozë (f)	[diagnózə]
cure (f) (faire une ~)	kurë (f)	[kúrə]
traitement (m)	trajtim mjekësor (m)	[trajtím mjɛkəsór]
se faire soigner	kurohem	[kuróhɛm]
traiter (un patient)	kuroj	[kurój]
soigner (un malade)	kujdesem	[kujdésɛm]
soins (m pl)	kujdes (m)	[kujdés]

opération (f)	operacion (m)	[opɛratsión]
panser (vt)	fashoj	[faʃój]
pansement (m)	fashim (m)	[faʃím]

vaccination (f)	vaksinim (m)	[vaksiním]
vacciner (vt)	vaksinoj	[vaksinój]
piqûre (f)	injeksion (m)	[iɲɛksión]
faire une piqûre	bëj injeksion	[bəj iɲɛksíon]

crise, attaque (f)	atak (m)	[aták]
amputation (f)	amputim (m)	[amputím]
amputer (vt)	amputoj	[amputój]
coma (m)	komë (f)	[kómə]
être dans le coma	jam në komë	[jam nə kómə]
réanimation (f)	kujdes intensiv (m)	[kujdés intɛnsív]

se rétablir (vp)	shërohem	[ʃəróhɛm]
état (m) (de santé)	gjendje (f)	[ɟéndjɛ]
conscience (f)	vetëdije (f)	[vɛtədíjɛ]
mémoire (f)	kujtesë (f)	[kujtésə]
arracher (une dent)	heq	[hɛc]

| plombage (m) | mbushje (f) | [mbúʃʃɛ] |
| plomber (vt) | mbush | [mbúʃ] |

| hypnose (f) | hipnozë (f) | [hipnózə] |
| hypnotiser (vt) | hipnotizim | [hipnotizím] |

72. Les médecins

médecin (m)	mjek (m)	[mjék]
infirmière (f)	infermiere (f)	[infɛrmiérɛ]
médecin (m) personnel	mjek personal (m)	[mjék pɛrsonál]

dentiste (m)	dentist (m)	[dɛntíst]
ophtalmologiste (m)	okulist (m)	[okulíst]
généraliste (m)	mjek i përgjithshëm (m)	[mjék i pərɟíθʃəm]
chirurgien (m)	kirurg (m)	[kirúrg]

psychiatre (m)	psikiatër (m)	[psikiátər]
pédiatre (m)	pediatër (m)	[pɛdiátər]
psychologue (m)	psikolog (m)	[psikológ]
gynécologue (m)	gjinekolog (m)	[ɟinɛkológ]
cardiologue (m)	kardiolog (m)	[kardiológ]

73. Les médicaments. Les accessoires

médicament (m)	ilaç (m)	[ilátʃ]
remède (m)	mjekim (m)	[mjɛkím]
prescrire (vt)	shkruaj recetë	[ʃkrúaj rɛtsétə]
ordonnance (f)	recetë (f)	[rɛtsétə]

comprimé (m)	pilulë (f)	[pilúlə]
onguent (m)	krem (m)	[krɛm]
ampoule (f)	ampulë (f)	[ampúlə]
mixture (f)	përzierje (f)	[pərzíɛrjɛ]
sirop (m)	shurup (m)	[ʃurúp]
pilule (f)	pilulë (f)	[pilúlə]
poudre (f)	pudër (f)	[púdər]

bande (f)	fashë garze (f)	[faʃə gárzɛ]
coton (m) (ouate)	pambuk (m)	[pambúk]
iode (m)	jod (m)	[jod]

sparadrap (m)	leukoplast (m)	[lɛukoplást]
compte-gouttes (m)	pikatore (f)	[pikatórɛ]
thermomètre (m)	termometër (m)	[tɛrmométər]
seringue (f)	shiringë (f)	[ʃiríŋə]

| fauteuil (m) roulant | karrocë me rrota (f) | [karótsə mɛ róta] |
| béquilles (f pl) | paterica (f) | [patɛrítsa] |

| anesthésique (m) | qetësues (m) | [cɛtəsúɛs] |
| purgatif (m) | laksativ (m) | [laksatív] |

alcool (m)	alkool dezinfektues (m)	[alkoól dɛzinfɛktúɛs]
herbe (f) médicinale	bimë mjekësore (f)	[bímə mjɛkəsórɛ]
d'herbes (adj)	çaj bimor	[tʃáj bimór]

74. Le tabac et ses produits dérivés

tabac (m)	duhan (m)	[duhán]
cigarette (f)	cigare (f)	[tsigárɛ]
cigare (f)	puro (f)	[púro]
pipe (f)	llullë (f)	[ɫúɫə]
paquet (m)	pako cigaresh (m)	[páko tsigárɛʃ]

allumettes (f pl)	shkrepëse (pl)	[ʃkrépəsɛ]
boîte (f) d'allumettes	kuti shkrepësesh (f)	[kutí ʃkrépəsɛʃ]
briquet (m)	çakmak (m)	[tʃakmák]
cendrier (m)	taketuke (f)	[takɛtúkɛ]
étui (m) à cigarettes	kuti cigaresh (f)	[kutí tsigárɛʃ]

fume-cigarette (m)	cigarishte (f)	[tsigaríʃtɛ]
filtre (m)	filtër (m)	[fíltər]

fumer (vi, vt)	pi duhan	[pi duhán]
allumer une cigarette	ndez një cigare	[ndɛz ɲə tsigárɛ]
tabagisme (m)	pirja e duhanit (f)	[pírja ɛ duhánit]
fumeur (m)	duhanpirës (m)	[duhanpírəs]

mégot (m)	bishti i cigares (m)	[bíʃti i tsigárɛs]
fumée (f)	tym (m)	[tym]
cendre (f)	hi (m)	[hi]

L'HABITAT HUMAIN

La ville

75. La ville. La vie urbaine

ville (f)	qytet (m)	[cytét]
capitale (f)	kryeqytet (m)	[kryɛcytét]
village (m)	fshat (m)	[fʃát]
plan (m) de la ville	hartë e qytetit (f)	[hártə ɛ cytétit]
centre-ville (m)	qendër e qytetit (f)	[céndər ɛ cytétit]
banlieue (f)	periferi (f)	[pɛrifɛrí]
de banlieue (adj)	periferik	[pɛrifɛrík]
périphérie (f)	periferia (f)	[pɛrifɛría]
alentours (m pl)	periferia (f)	[pɛrifɛría]
quartier (m)	bllok pallatesh (m)	[bɫók paɫátɛʃ]
quartier (m) résidentiel	bllok banimi (m)	[bɫók baními]
trafic (m)	trafik (m)	[trafík]
feux (m pl) de circulation	semafor (m)	[sɛmafór]
transport (m) urbain	transport publik (m)	[transpórt publík]
carrefour (m)	kryqëzim (m)	[krycəzím]
passage (m) piéton	kalim për këmbësorë (m)	[kalím pər kəmbəsórə]
passage (m) souterrain	nënkalim për këmbësorë (m)	[nənkalím pər kəmbəsórə]
traverser (vt)	kapërcej	[kapərtséj]
piéton (m)	këmbësor (m)	[kəmbəsór]
trottoir (m)	trotuar (m)	[trotuár]
pont (m)	urë (f)	[úrə]
quai (m)	breg lumi (m)	[brɛg lúmi]
fontaine (f)	shatërvan (m)	[ʃatərván]
allée (f)	rrugëz (m)	[rúgəz]
parc (m)	park (m)	[park]
boulevard (m)	bulevard (m)	[bulɛvárd]
place (f)	shesh (m)	[ʃɛʃ]
avenue (f)	bulevard (m)	[bulɛvárd]
rue (f)	rrugë (f)	[rúgə]
ruelle (f)	rrugë dytësore (f)	[rúgə dytəsórɛ]
impasse (f)	rrugë pa krye (f)	[rúgə pa krýɛ]
maison (f)	shtëpi (f)	[ʃtəpí]
édifice (m)	ndërtesë (f)	[ndərtésə]
gratte-ciel (m)	qiellgërvishtës (m)	[ciɛɫgərvíʃtəs]
façade (f)	fasadë (f)	[fasádə]
toit (m)	çati (f)	[tʃatí]

fenêtre (f)	dritare (f)	[dritárɛ]
arc (m)	hark (m)	[hárk]
colonne (f)	kolonë (f)	[kolónə]
coin (m)	kënd (m)	[kə́nd]

vitrine (f)	vitrinë (f)	[vitrínə]
enseigne (f)	tabelë (f)	[tabélə]
affiche (f)	poster (m)	[postér]
affiche (f) publicitaire	afishe reklamuese (f)	[afíʃɛ rɛklamúɛsɛ]
panneau-réclame (m)	tabelë reklamash (f)	[tabélə rɛklámaʃ]

ordures (f pl)	plehra (f)	[pléhra]
poubelle (f)	kosh plehrash (m)	[koʃ pléhraʃ]
jeter à terre	hedh mbeturina	[hɛð mbɛturína]
décharge (f)	deponi plehrash (f)	[dɛponí pléhraʃ]

cabine (f) téléphonique	kabinë telefonike (f)	[kabínə tɛlɛfoníkɛ]
réverbère (m)	shtyllë dritash (f)	[ʃtýłə drítaʃ]
banc (m)	stol (m)	[stol]

policier (m)	polic (m)	[políts]
police (f)	polici (f)	[politsí]
clochard (m)	lypës (m)	[lýpəs]
sans-abri (m)	i pastrehë (m)	[i pastréhə]

76. Les institutions urbaines

magasin (m)	dyqan (m)	[dycán]
pharmacie (f)	farmaci (f)	[farmatsí]
opticien (m)	optikë (f)	[optíkə]
centre (m) commercial	qendër tregtare (f)	[céndər trɛgtárɛ]
supermarché (m)	supermarket (m)	[supɛrmarkét]

boulangerie (f)	furrë (f)	[fúrə]
boulanger (m)	furrtar (m)	[furtár]
pâtisserie (f)	pastiçeri (f)	[pastitʃérí]
épicerie (f)	dyqan ushqimor (m)	[dycán uʃcimór]
boucherie (f)	dyqan mishi (m)	[dycán míʃi]

| magasin (m) de légumes | dyqan fruta-perimesh (m) | [dycán frúta-pɛrímɛʃ] |
| marché (m) | treg (m) | [trɛg] |

salon (m) de café	kafene (f)	[kafɛné]
restaurant (m)	restorant (m)	[rɛstoránt]
brasserie (f)	pab (m), pijetore (f)	[pab], [pijɛtórɛ]
pizzeria (f)	piceri (f)	[pitsɛrí]

salon (m) de coiffure	parukeri (f)	[parukɛrí]
poste (f)	zyrë postare (f)	[zýrə postárɛ]
pressing (m)	pastrim kimik (m)	[pastrím kimík]
atelier (m) de photo	studio fotografike (f)	[stúdio fotografíkɛ]

| magasin (m) de chaussures | dyqan këpucësh (m) | [dycán kəpútsəʃ] |
| librairie (f) | librari (f) | [librarí] |

magasin (m) d'articles de sport	dyqan me mallra sportivë (m)	[dycán mɛ máłra sportívə]
atelier (m) de retouche	rrobaqepësi (f)	[robacɛpəsí]
location (f) de vêtements	dyqan veshjesh me qira (m)	[dycán véʃjeʃ mɛ cirá]
location (f) de films	dyqan videosh me qira (m)	[dycán vídɛoʃ mɛ cirá]
cirque (m)	cirk (m)	[tsírk]
zoo (m)	kopsht zoologjik (m)	[kópʃt zooloɟík]
cinéma (m)	kinema (f)	[kinɛmá]
musée (m)	muze (m)	[muzé]
bibliothèque (f)	bibliotekë (f)	[bibliotékə]
théâtre (m)	teatër (m)	[tɛátər]
opéra (m)	opera (f)	[opéra]
boîte (f) de nuit	klub nate (m)	[klúb nátɛ]
casino (m)	kazino (f)	[kazíno]
mosquée (f)	xhami (f)	[dʒamí]
synagogue (f)	sinagogë (f)	[sinagógə]
cathédrale (f)	katedrale (f)	[katɛdrálɛ]
temple (m)	tempull (m)	[témpuł]
église (f)	kishë (f)	[kíʃə]
institut (m)	kolegj (m)	[koléɟ]
université (f)	universitet (m)	[univɛrsitét]
école (f)	shkollë (f)	[ʃkótə]
préfecture (f)	prefekturë (f)	[prɛfɛktúrə]
mairie (f)	bashki (f)	[baʃkí]
hôtel (m)	hotel (m)	[hotél]
banque (f)	bankë (f)	[bánkə]
ambassade (f)	ambasadë (f)	[ambasádə]
agence (f) de voyages	agjenci udhëtimesh (f)	[aɟɛntsí uðətímɛʃ]
bureau (m) d'information	zyrë informacioni (f)	[zýrə informatsióni]
bureau (m) de change	këmbim valutor (m)	[kəmbím valutór]
métro (m)	metro (f)	[mɛtró]
hôpital (m)	spital (m)	[spitál]
station-service (f)	pikë karburanti (f)	[píkə karburánti]
parking (m)	parking (m)	[parkíŋ]

77. Les transports en commun

autobus (m)	autobus (m)	[autobús]
tramway (m)	tramvaj (m)	[tramváj]
trolleybus (m)	autobus tramvaj (m)	[autobús tramváj]
itinéraire (m)	itinerar (m)	[itinɛrár]
numéro (m)	numër (m)	[númər]
prendre ...	udhëtoj me ...	[uðətój mɛ ...]
monter (dans l'autobus)	hip	[hip]
descendre de ...	zbres ...	[zbrɛs ...]

arrêt (m)	stacion (m)	[statsión]
arrêt (m) prochain	stacioni tjetër (m)	[statsióni tjétər]
terminus (m)	terminal (m)	[tɛrminál]
horaire (m)	orar (m)	[orár]
attendre (vt)	pres	[prɛs]

| ticket (m) | biletë (f) | [bilétə] |
| prix (m) du ticket | çmim bilete (m) | [tʃmím bilétɛ] |

caissier (m)	shitës biletash (m)	[ʃítəs bilétaʃ]
contrôle (m) des tickets	kontroll biletash (m)	[kontrół bilétaʃ]
contrôleur (m)	kontrollues biletash (m)	[kontrołúɛs bilétaʃ]

être en retard	vonohem	[vonóhɛm]
rater (~ le train)	humbas	[humbás]
se dépêcher	nxitoj	[ndzitój]

taxi (m)	taksi (m)	[táksi]
chauffeur (m) de taxi	shofer taksie (m)	[ʃofér taksíɛ]
en taxi	me taksi	[mɛ táksi]
arrêt (m) de taxi	stacion taksish (m)	[statsión táksiʃ]
appeler un taxi	thërras taksi	[θərás táksi]
prendre un taxi	marr taksi	[mar táksi]

trafic (m)	trafik (m)	[trafík]
embouteillage (m)	bllokim trafiku (m)	[błokím trafíku]
heures (f pl) de pointe	orë e trafikut të rëndë (f)	[órə ɛ trafíkut tə rəndə]
se garer (vp)	parkoj	[parkój]
garer (vt)	parkim	[parkím]
parking (m)	parking (m)	[parkíŋ]

métro (m)	metro (f)	[mɛtró]
station (f)	stacion (m)	[statsión]
prendre le métro	shkoj me metro	[ʃkoj mɛ métro]
train (m)	tren (m)	[trɛn]
gare (f)	stacion treni (m)	[statsión tréni]

78. Le tourisme

monument (m)	monument (m)	[monumént]
forteresse (f)	kala (f)	[kalá]
palais (m)	pallat (m)	[pałát]
château (m)	kështjellë (f)	[kəʃtjétə]
tour (f)	kullë (f)	[kútə]
mausolée (m)	mauzoleum (m)	[mauzolɛúm]

architecture (f)	arkitekturë (f)	[arkitɛktúrə]
médiéval (adj)	mesjetare	[mɛsjɛtárɛ]
ancien (adj)	e lashtë	[ɛ láʃtə]
national (adj)	kombëtare	[kombətárɛ]
connu (adj)	i famshëm	[i fámʃəm]

| touriste (m) | turist (m) | [turíst] |
| guide (m) (personne) | udhërrëfyes (m) | [uðərəfýɛs] |

excursion (f)	ekskursion (m)	[ɛkskursión]
montrer (vt)	tregoj	[trɛgój]
raconter (une histoire)	dëftoj	[dəftój]
trouver (vt)	gjej	[ɟéj]
se perdre (vp)	humbas	[humbás]
plan (m) (du metro, etc.)	hartë (f)	[hártə]
carte (f) (de la ville, etc.)	hartë (f)	[hártə]
souvenir (m)	suvenir (m)	[suvɛnír]
boutique (f) de souvenirs	dyqan dhuratash (m)	[dycán ðurátaʃ]
prendre en photo	bëj foto	[bəj fóto]
se faire prendre en photo	bëj fotografi	[bəj fotografí]

79. Le shopping

acheter (vt)	blej	[blɛj]
achat (m)	blerje (f)	[blérjɛ]
faire des achats	shkoj për pazar	[ʃkoj pər pazár]
shopping (m)	pazar (m)	[pazár]
être ouvert	hapur	[hápur]
être fermé	mbyllur	[mbýɫur]
chaussures (f pl)	këpucë (f)	[kəpútsə]
vêtement (m)	veshje (f)	[véʃjɛ]
produits (m pl) de beauté	kozmetikë (f)	[kozmɛtíkə]
produits (m pl) alimentaires	mallra ushqimore (f)	[máɫra uʃcimórɛ]
cadeau (m)	dhuratë (f)	[ðurátə]
vendeur (m)	shitës (m)	[ʃítəs]
vendeuse (f)	shitëse (f)	[ʃítəsɛ]
caisse (f)	arkë (f)	[árkə]
miroir (m)	pasqyrë (f)	[pascýrə]
comptoir (m)	banak (m)	[bának]
cabine (f) d'essayage	dhomë prove (f)	[ðómə próvɛ]
essayer (robe, etc.)	provoj	[provój]
aller bien (robe, etc.)	më rri mirë	[mə ri mírə]
plaire (être apprécié)	pëlqej	[pəlcéj]
prix (m)	çmim (m)	[tʃmím]
étiquette (f) de prix	etiketa e çmimit (f)	[ɛtikéta ɛ tʃmímit]
coûter (vt)	kushton	[kuʃtón]
Combien?	Sa?	[sa?]
rabais (m)	ulje (f)	[úljɛ]
pas cher (adj)	jo e shtrenjtë	[jo ɛ ʃtréɲtə]
bon marché (adj)	e lirë	[ɛ lírə]
cher (adj)	i shtrenjtë	[i ʃtréɲtə]
C'est cher	Është e shtrenjtë	[əʃtə ɛ ʃtréɲtə]
location (f)	qiramarrje (f)	[ciramárjɛ]
louer (une voiture, etc.)	marr me qira	[mar mɛ cirá]

crédit (m)	kredit (m)	[krɛdít]
à crédit (adv)	me kredi	[mɛ krɛdí]

80. L'argent

argent (m)	para (f)	[pará]
échange (m)	këmbim valutor (m)	[kəmbím valutór]
cours (m) de change	kurs këmbimi (m)	[kurs kəmbími]
distributeur (m)	bankomat (m)	[bankomát]
monnaie (f)	monedhë (f)	[monéðə]
dollar (m)	dollar (m)	[doɫár]
euro (m)	euro (f)	[éuro]
lire (f)	lirë (f)	[lírə]
mark (m) allemand	Marka gjermane (f)	[márka ɟɛrmánɛ]
franc (m)	franga (f)	[fráŋa]
livre sterling (f)	sterlina angleze (f)	[stɛrlína aŋlézɛ]
yen (m)	jen (m)	[jén]
dette (f)	borxh (m)	[bórdʒ]
débiteur (m)	debitor (m)	[dɛbitór]
prêter (vt)	jap hua	[jap huá]
emprunter (vt)	marr hua	[mar huá]
banque (f)	bankë (f)	[bánkə]
compte (m)	llogari (f)	[ɫogarí]
verser (dans le compte)	depozitoj	[dɛpozitój]
verser dans le compte	depozitoj në llogari	[dɛpozitój nə ɫogarí]
retirer du compte	tërheq	[tərhéc]
carte (f) de crédit	kartë krediti (f)	[kártə krɛdíti]
espèces (f pl)	kesh (m)	[kɛʃ]
chèque (m)	çek (m)	[tʃɛk]
faire un chèque	lëshoj një çek	[ləʃój ɲə tʃék]
chéquier (m)	bllok çeqesh (m)	[bɫók tʃécɛʃ]
portefeuille (m)	portofol (m)	[portofól]
bourse (f)	kuletë (f)	[kulétə]
coffre fort (m)	kasafortë (f)	[kasafórtə]
héritier (m)	trashëgimtar (m)	[traʃəgimtár]
héritage (m)	trashëgimi (f)	[traʃəgimí]
fortune (f)	pasuri (f)	[pasurí]
location (f)	qira (f)	[cirá]
loyer (m) (argent)	qiraja (f)	[cirája]
louer (prendre en location)	marr me qira	[mar mɛ cirá]
prix (m)	çmim (m)	[tʃmím]
coût (m)	kosto (f)	[kósto]
somme (f)	shumë (f)	[ʃúmə]
dépenser (vt)	shpenzoj	[ʃpɛnzój]
dépenses (f pl)	shpenzime (f)	[ʃpɛnzímɛ]

| économiser (vt) | kursej | [kurséj] |
| économe (adj) | ekonomik | [ɛkonomík] |

payer (régler)	paguaj	[pagúaj]
paiement (m)	pagesë (f)	[pagésə]
monnaie (f) (rendre la ~)	kusur (m)	[kusúr]

impôt (m)	taksë (f)	[táksə]
amende (f)	gjobë (f)	[ɟóbə]
mettre une amende	vendos gjobë	[vɛndós ɟóbə]

81. La poste. Les services postaux

poste (f)	zyrë postare (f)	[zýrə postárɛ]
courrier (m) (lettres, etc.)	postë (f)	[póstə]
facteur (m)	postier (m)	[postiér]
heures (f pl) d'ouverture	orari i punës (m)	[orári i púnəs]

lettre (f)	letër (f)	[létər]
recommandé (m)	letër rekomande (f)	[létər rɛkomándɛ]
carte (f) postale	kartolinë (f)	[kartolínə]
télégramme (m)	telegram (m)	[tɛlɛgrám]
colis (m)	pako (f)	[páko]
mandat (m) postal	transfer parash (m)	[transfér paráʃ]

recevoir (vt)	pranoj	[pranój]
envoyer (vt)	dërgoj	[dərgój]
envoi (m)	dërgesë (f)	[dərgésə]

adresse (f)	adresë (f)	[adrésə]
code (m) postal	kodi postar (m)	[kódi postár]
expéditeur (m)	dërguesi (m)	[dərgúɛsi]
destinataire (m)	pranues (m)	[pranúɛs]

| prénom (m) | emër (m) | [émər] |
| nom (m) de famille | mbiemër (m) | [mbiémər] |

tarif (m)	tarifë postare (f)	[tarífə postárɛ]
normal (adj)	standard	[standárd]
économique (adj)	ekonomike	[ɛkonomíkɛ]

poids (m)	peshë (f)	[péʃə]
peser (~ les lettres)	peshoj	[pɛʃój]
enveloppe (f)	zarf (m)	[zarf]
timbre (m)	pullë postare (f)	[pútə postárɛ]
timbrer (vt)	vendos pullën postare	[vɛndós pútən postárɛ]

Le logement. La maison. Le foyer

82. La maison. Le logis

maison (f)	shtëpi (f)	[ʃtəpí]
chez soi	në shtëpi	[nə ʃtəpí]
cour (f)	oborr (m)	[obór]
clôture (f)	gardh (m)	[garð]
brique (f)	tullë (f)	[túłə]
en brique (adj)	me tulla	[mɛ túła]
pierre (f)	gur (m)	[gur]
en pierre (adj)	guror	[gurór]
béton (m)	çimento (f)	[tʃiménto]
en béton (adj)	prej çimentoje	[prɛj tʃiméntojɛ]
neuf (adj)	i ri	[i rí]
vieux (adj)	i vjetër	[i vjétər]
délabré (adj)	e vjetruar	[ɛ vjɛtrúar]
moderne (adj)	moderne	[modérnɛ]
à plusieurs étages	shumëkatëshe	[ʃuməkátəʃɛ]
haut (adj)	e lartë	[ɛ lártə]
étage (m)	kat (m)	[kat]
sans étage (adj)	njëkatëshe	[ɲəkátəʃɛ]
rez-de-chaussée (m)	përdhese (f)	[pərðésɛ]
dernier étage (m)	kati i fundit (m)	[káti i fúndit]
toit (m)	çati (f)	[tʃatí]
cheminée (f)	oxhak (m)	[odʒák]
tuile (f)	tjegulla (f)	[tjéguła]
en tuiles (adj)	me tjegulla	[mɛ tjéguła]
grenier (m)	papafingo (f)	[papafíɲo]
fenêtre (f)	dritare (f)	[dritárɛ]
vitre (f)	xham (m)	[dʒam]
rebord (m)	prag dritareje (m)	[prag dritárɛjɛ]
volets (m pl)	grila (f)	[gríla]
mur (m)	mur (m)	[mur]
balcon (m)	ballkon (m)	[bałkón]
gouttière (f)	ulluk (m)	[ułúk]
en haut (à l'étage)	lart	[lart]
monter (vi)	ngjitem lart	[ɲɟitém lárt]
descendre (vi)	zbres	[zbrɛs]
déménager (vi)	lëviz	[ləvíz]

83. La maison. L'entrée. L'ascenseur

entrée (f)	hyrje (f)	[hýɾjɛ]
escalier (m)	shkallë (f)	[ʃkátə]
marches (f pl)	shkallë (f)	[ʃkátə]
rampe (f)	parmak (m)	[paɾmák]
hall (m)	holl (m)	[hoɫ]
boîte (f) à lettres	kuti postare (f)	[kutí postáɾɛ]
poubelle (f) d'extérieur	kazan mbeturinash (m)	[kazán mbɛturínaʃ]
vide-ordures (m)	ashensor mbeturinash (m)	[aʃɛnsór mbɛturínaʃ]
ascenseur (m)	ashensor (m)	[aʃɛnsór]
monte-charge (m)	ashensor mallrash (m)	[aʃɛnsór máɫraʃ]
cabine (f)	kabinë ashensori (f)	[kabínə aʃɛnsóri]
prendre l'ascenseur	marr ashensorin	[mar aʃɛnsórin]
appartement (m)	apartament (m)	[apartamént]
locataires (m pl)	banorë (pl)	[banórə]
voisin (m)	komshi (m)	[komʃí]
voisine (f)	komshike (f)	[komʃíkɛ]
voisins (m pl)	komshinj (pl)	[komʃíɲ]

84. La maison. La porte. La serrure

porte (f)	derë (f)	[dérə]
portail (m)	portik (m)	[portík]
poignée (f)	dorezë (f)	[dorézə]
déverrouiller (vt)	zhbllokoj	[ʒbɫokój]
ouvrir (vt)	hap	[hap]
fermer (vt)	mbyll	[mbyɫ]
clé (f)	çelës (m)	[tʃéləs]
trousseau (m), jeu (m)	tufë çelësash (f)	[túfə tʃéləsaʃ]
grincer (la porte)	kërcet	[kərtsét]
grincement (m)	kërcitje (f)	[kərtsítjɛ]
gond (m)	menteshë (f)	[mɛntéʃə]
paillasson (m)	tapet hyrës (m)	[tapét hýrəs]
serrure (f)	kyç (m)	[kytʃ]
trou (m) de la serrure	vrimë e çelësit (f)	[vrímə ɛ tʃéləsit]
verrou (m)	shul (m)	[ʃul]
loquet (m)	shul (m)	[ʃul]
cadenas (m)	dry (m)	[dry]
sonner (à la porte)	i bie ziles	[i bíɛ zílɛs]
sonnerie (f)	tingulli i ziles (m)	[tíɲuɫi i zílɛs]
sonnette (f)	zile (f)	[zílɛ]
bouton (m)	çelësi i ziles (m)	[tʃéləsi i zílɛs]
coups (m pl) à la porte	trokitje (f)	[trokítjɛ]
frapper (~ à la porte)	trokas	[trokás]

code (m)	kod (m)	[kod]
serrure (f) à combinaison	kod (m)	[kod]
interphone (m)	interkom (m)	[intɛrkóm]
numéro (m)	numër (m)	[númər]
plaque (f) de porte	pllakë e emrit (f)	[płákə ɛ émrit]
judas (m)	vrimë përgjimi (f)	[vrímə pərɟími]

85. La maison de campagne

village (m)	fshat (m)	[fʃát]
potager (m)	kopsht zarzavatesh (m)	[kópʃt zarzavátɛʃ]
palissade (f)	gardh (m)	[garð]
clôture (f)	gardh kunjash	[garð kúɲaʃ]
portillon (m)	portik (m)	[portík]

grange (f)	hambar (m)	[hambár]
cave (f)	qilar (m)	[cilár]
abri (m) de jardin	kasolle (f)	[kasółɛ]
puits (m)	pus (m)	[pus]

poêle (m) (~ à bois)	sobë (f)	[sóbə]
chauffer le poêle	mbush sobën	[mbúʃ sóbən]
bois (m) de chauffage	dru për zjarr (m)	[dru pər zjár]
bûche (f)	dru (m)	[dru]

véranda (f)	verandë (f)	[vɛrándə]
terrasse (f)	ballkon (m)	[bałkón]
perron (m) d'entrée	prag i derës (m)	[prag i dérəs]
balançoire (f)	kolovajzë (f)	[kolovájzə]

86. Le château. Le palais

château (m)	kështjellë (f)	[kəʃtjétə]
palais (m)	pallat (m)	[pałát]
forteresse (f)	kala (f)	[kalá]

muraille (f)	mur rrethues (m)	[mur rɛθúɛs]
tour (f)	kullë (f)	[kútə]
donjon (m)	kulla e parë (f)	[kúła ɛ párə]

herse (f)	portë me hekura (f)	[pórtə mɛ hékura]
souterrain (m)	nënkalim (m)	[nənkalím]
douve (f)	kanal (m)	[kanál]

| chaîne (f) | zinxhir (m) | [zindʒír] |
| meurtrière (f) | frëngji (f) | [frənɟí] |

| magnifique (adj) | e mrekullueshme | [ɛ mrɛkułúɛʃmɛ] |
| majestueux (adj) | madhështore | [maðəʃtóɾɛ] |

| inaccessible (adj) | e padepërtueshme | [ɛ padɛpərtúɛʃmɛ] |
| médiéval (adj) | mesjetare | [mɛsjɛtáɾɛ] |

87. L'appartement

appartement (m)	apartament (m)	[apartamént]
chambre (f)	dhomë (f)	[ðómə]
chambre (f) à coucher	dhomë gjumi (f)	[ðómə ɟúmi]
salle (f) à manger	dhomë ngrënie (f)	[ðómə ŋrəníɛ]
salon (m)	dhomë ndeje (f)	[ðómə ndéjɛ]
bureau (m)	dhomë pune (f)	[ðómə púnɛ]
antichambre (f)	hyrje (f)	[hýrjɛ]
salle (f) de bains	banjo (f)	[báɲo]
toilettes (f pl)	tualet (m)	[tualét]
plafond (m)	tavan (m)	[taván]
plancher (m)	dysheme (f)	[dyʃɛmé]
coin (m)	qoshe (f)	[cóʃɛ]

88. L'appartement. Le ménage

faire le ménage	pastroj	[pastrój]
ranger (jouets, etc.)	vendos	[vɛndós]
poussière (f)	pluhur (m)	[plúhur]
poussiéreux (adj)	e pluhurosur	[ɛ pluhurósur]
essuyer la poussière	marr pluhurat	[mar plúhurat]
aspirateur (m)	fshesë elektrike (f)	[fʃésə ɛlɛktríkɛ]
passer l'aspirateur	thith pluhurin	[θiθ plúhurin]
balayer (vt)	fshij	[fʃíj]
balayures (f pl)	plehra (f)	[pléhra]
ordre (m)	rregull (m)	[réguɫ]
désordre (m)	rrëmujë (f)	[rəmújə]
balai (m) à franges	shtupë (f)	[ʃtúpə]
torchon (m)	leckë (f)	[létskə]
balayette (f) de sorgho	fshesë (f)	[fʃésə]
pelle (f) à ordures	kaci (f)	[katsí]

89. Les meubles. L'intérieur

meubles (m pl)	orendi (f)	[orɛndí]
table (f)	tryezë (f)	[tryézə]
chaise (f)	karrige (f)	[karígɛ]
lit (m)	shtrat (m)	[ʃtrat]
canapé (m)	divan (m)	[diván]
fauteuil (m)	kolltuk (m)	[koɫtúk]
bibliothèque (f) (meuble)	raft librash (m)	[ráft líbraʃ]
rayon (m)	sergjen (m)	[sɛɟén]
armoire (f)	gardërobë (f)	[gardəróbə]
patère (f)	varëse (f)	[várəsɛ]

portemanteau (m)	varëse xhaketash (f)	[várəsɛ dʒakétaʃ]
commode (f)	komodë (f)	[komódə]
table (f) basse	tryezë e ulët (f)	[tryézə ɛ úlət]
miroir (m)	pasqyrë (f)	[pascýrə]
tapis (m)	qilim (m)	[cilím]
petit tapis (m)	tapet (m)	[tapét]
cheminée (f)	oxhak (m)	[odʒák]
bougie (f)	qiri (m)	[círi]
chandelier (m)	shandan (m)	[ʃandán]
rideaux (m pl)	perde (f)	[pérdɛ]
papier (m) peint	tapiceri (f)	[tapitsɛrí]
jalousie (f)	grila (f)	[gríla]
lampe (f) de table	llambë tavoline (f)	[támbə tavolínɛ]
applique (f)	llambadar muri (m)	[tambadár múri]
lampadaire (m)	llambadar (m)	[tambadár]
lustre (m)	llambadar (m)	[tambadár]
pied (m) (~ de la table)	këmbë (f)	[kémbə]
accoudoir (m)	mbështetëse krahu (f)	[mbəʃtétəsɛ kráhu]
dossier (m)	mbështetëse (f)	[mbəʃtétəsɛ]
tiroir (m)	sirtar (m)	[sirtár]

90. La literie

linge (m) de lit	çarçafë (pl)	[tʃartʃáfə]
oreiller (m)	jastëk (m)	[jasték]
taie (f) d'oreiller	këllëf jastëku (m)	[kətéf jastéku]
couverture (f)	jorgan (m)	[jorgán]
drap (m)	çarçaf (m)	[tʃartʃáf]
couvre-lit (m)	mbulesë (f)	[mbulésə]

91. La cuisine

cuisine (f)	kuzhinë (f)	[kuʒínə]
gaz (m)	gaz (m)	[gaz]
cuisinière (f) à gaz	sobë me gaz (f)	[sóbə mɛ gaz]
cuisinière (f) électrique	sobë elektrike (f)	[sóbə ɛlɛktríkɛ]
four (m)	furrë (f)	[fúrə]
four (m) micro-ondes	mikrovalë (f)	[mikroválə]
réfrigérateur (m)	frigorifer (m)	[frigorifér]
congélateur (m)	frigorifer (m)	[frigorifér]
lave-vaisselle (m)	pjatalarëse (f)	[pjatalárəsɛ]
hachoir (m) à viande	grirëse mishi (f)	[grírəsɛ míʃi]
centrifugeuse (f)	shtrydhëse frutash (f)	[ʃtrýðəsɛ frútaʃ]
grille-pain (m)	toster (m)	[tostér]
batteur (m)	mikser (m)	[miksér]

machine (f) à café	makinë kafeje (f)	[makínə kaféjɛ]
cafetière (f)	kafetierë (f)	[kafɛtiérə]
moulin (m) à café	mulli kafeje (f)	[mułí káfɛjɛ]

bouilloire (f)	çajnik (m)	[tʃajník]
théière (f)	çajnik (m)	[tʃajník]
couvercle (m)	kapak (m)	[kapák]
passoire (f) à thé	sitë çaji (f)	[sítə tʃáji]

cuillère (f)	lugë (f)	[lúgə]
petite cuillère (f)	lugë çaji (f)	[lúgə tʃáji]
cuillère (f) à soupe	lugë gjelle (f)	[lúgə ɟétɛ]
fourchette (f)	pirun (m)	[pirún]
couteau (m)	thikë (f)	[θíkə]

vaisselle (f)	enë kuzhine (f)	[énə kuʒínɛ]
assiette (f)	pjatë (f)	[pjátə]
soucoupe (f)	pjatë filxhani (f)	[pjátə fildʒáni]

verre (m) à shot	potir (m)	[potír]
verre (m) (~ d'eau)	gotë (f)	[gótə]
tasse (f)	filxhan (m)	[fildʒán]

sucrier (m)	tas për sheqer (m)	[tas pər ʃɛcér]
salière (f)	kripore (f)	[kripórɛ]
poivrière (f)	enë piperi (f)	[énə pipéri]
beurrier (m)	pjatë gjalpi (f)	[pjátə ɟálpi]

casserole (f)	tenxhere (f)	[tɛndʒérɛ]
poêle (f)	tigan (m)	[tigán]
louche (f)	garuzhdë (f)	[garúʒdə]
passoire (f)	kullesë (f)	[kułésə]
plateau (m)	tabaka (f)	[tabaká]

bouteille (f)	shishe (f)	[ʃíʃɛ]
bocal (m) (à conserves)	kavanoz (m)	[kavanóz]
boîte (f) en fer-blanc	kanoçe (f)	[kanótʃɛ]

ouvre-bouteille (m)	hapëse shishesh (f)	[hapəsé ʃíʃɛʃ]
ouvre-boîte (m)	hapëse kanoçesh (f)	[hapəsé kanótʃɛʃ]
tire-bouchon (m)	turjelë tapash (f)	[turjélə tápaʃ]
filtre (m)	filtër (m)	[fíltər]
filtrer (vt)	filtroj	[filtrój]

| ordures (f pl) | pleh (m) | [plɛh] |
| poubelle (f) | kosh plehrash (m) | [koʃ pléhraʃ] |

92. La salle de bains

salle (f) de bains	banjo (f)	[báɲo]
eau (f)	ujë (m)	[újə]
robinet (m)	rubinet (m)	[rubinét]
eau (f) chaude	ujë i nxehtë (f)	[újə i ndzéhtə]
eau (f) froide	ujë i ftohtë (f)	[újə i ftóhtə]

dentifrice (m)	**pastë dhëmbësh** (f)	[pástə ðə́mbəʃ]
se brosser les dents	**laj dhëmbët**	[laj ðə́mbət]
brosse (f) à dents	**furçë dhëmbësh** (f)	[fúrtʃə ðə́mbəʃ]
se raser (vp)	**rruhem**	[rúhɛm]
mousse (f) à raser	**shkumë rroje** (f)	[ʃkumə rójɛ]
rasoir (m)	**brisk** (m)	[brísk]
laver (vt)	**laj duart**	[laj dúart]
se laver (vp)	**lahem**	[láhɛm]
douche (f)	**dush** (m)	[duʃ]
prendre une douche	**bëj dush**	[bəj dúʃ]
baignoire (f)	**vaskë** (f)	[váskə]
cuvette (f)	**tualet** (m)	[tualét]
lavabo (m)	**lavaman** (m)	[lavamán]
savon (m)	**sapun** (m)	[sapún]
porte-savon (m)	**pjatë sapuni** (f)	[pjátə sapúni]
éponge (f)	**sfungjer** (m)	[sfunɟér]
shampooing (m)	**shampo** (f)	[ʃampó]
serviette (f)	**peshqir** (m)	[pɛʃcír]
peignoir (m) de bain	**peshqir trupi** (m)	[pɛʃcír trúpi]
lessive (f) (faire la ~)	**larje** (f)	[lárjɛ]
machine (f) à laver	**makinë larëse** (f)	[makínə lárəsɛ]
faire la lessive	**laj rroba**	[laj róba]
lessive (f) (poudre)	**detergjent** (m)	[dɛtɛrɟént]

93. Les appareils électroménagers

téléviseur (m)	**televizor** (m)	[tɛlɛvizór]
magnétophone (m)	**inçizues me shirit** (m)	[intʃizúɛs mɛ ʃirít]
magnétoscope (m)	**video regjistrues** (m)	[vídɛo rɛɟistrúɛs]
radio (f)	**radio** (f)	[rádio]
lecteur (m)	**kasetofon** (m)	[kasɛtofón]
vidéoprojecteur (m)	**projektor** (m)	[projɛktór]
home cinéma (m)	**kinema shtëpie** (f)	[kinɛmá ʃtəpíɛ]
lecteur DVD (m)	**DVD player** (m)	[dividí plɛjər]
amplificateur (m)	**amplifikator** (m)	[amplifikatór]
console (f) de jeux	**konsol video loje** (m)	[konsól vídɛo lójɛ]
caméscope (m)	**videokamerë** (f)	[vidɛokamérə]
appareil (m) photo	**aparat fotografik** (m)	[aparát fotografík]
appareil (m) photo numérique	**kamerë digjitale** (f)	[kamérə diɟitálɛ]
aspirateur (m)	**fshesë elektrike** (f)	[fʃésə ɛlɛktríkɛ]
fer (m) à repasser	**hekur** (m)	[hékur]
planche (f) à repasser	**tryezë për hekurosje** (f)	[tryézə pər hɛkurósjɛ]
téléphone (m)	**telefon** (m)	[tɛlɛfón]
portable (m)	**celular** (m)	[tsɛlulár]

machine (f) à écrire	**makinë shkrimi** (f)	[makínǝ ʃkrími]
machine (f) à coudre	**makinë qepëse** (f)	[makínǝ cépǝsɛ]

micro (m)	**mikrofon** (m)	[mikrofón]
écouteurs (m pl)	**kufje** (f)	[kúfjɛ]
télécommande (f)	**telekomandë** (f)	[tɛlɛkomándǝ]

CD (m)	**CD** (f)	[tsɛdé]
cassette (f)	**kasetë** (f)	[kasétǝ]
disque (m) (vinyle)	**pllakë gramafoni** (f)	[pɫákǝ gramafóni]

94. Les travaux de réparation et de rénovation

rénovation (f)	**renovim** (m)	[rɛnovím]
faire la rénovation	**rinovoj**	[rinovój]
réparer (vt)	**riparoj**	[riparój]
remettre en ordre	**rregulloj**	[rɛguɫój]
refaire (vt)	**ribëj**	[ribéj]

peinture (f)	**bojë** (f)	[bójǝ]
peindre (des murs)	**lyej**	[lýɛj]
peintre (m) en bâtiment	**bojaxhi** (m)	[bojadʒí]
pinceau (m)	**furçë** (f)	[fúrtʃǝ]

chaux (f)	**gëlqere** (f)	[gǝlcérɛ]
blanchir à la chaux	**lyej me gëlqere**	[lýɛj mɛ gǝlcérɛ]

papier (m) peint	**tapiceri** (f)	[tapitsɛrí]
tapisser (vt)	**vendos tapiceri**	[vɛndós tapitsɛrí]
vernis (m)	**llak** (m)	[ɫak]
vernir (vt)	**lustroj**	[lustrój]

95. La plomberie

eau (f)	**ujë** (m)	[újǝ]
eau (f) chaude	**ujë i nxehtë** (f)	[újǝ i ndzéhtǝ]
eau (f) froide	**ujë i ftohtë** (f)	[újǝ i ftóhtǝ]
robinet (m)	**rubinet** (m)	[rubinét]

goutte (f)	**pikë uji** (f)	[píkǝ úji]
goutter (vi)	**pikon**	[pikón]
fuir (tuyau)	**rrjedh**	[rjéð]
fuite (f)	**rrjedhje** (f)	[rjéðjɛ]
flaque (f)	**pellg** (m)	[pɛɫg]

tuyau (m)	**gyp** (m)	[gyp]
valve (f)	**valvulë** (f)	[valvúlǝ]
se boucher (vp)	**bllokohet**	[bɫokóhɛt]

outils (m pl)	**vegla** (pl)	[végla]
clé (f) réglable	**çelës anglez** (m)	[tʃélǝs aŋléz]
dévisser (vt)	**zhvidhos**	[ʒviðós]

visser (vt)	vidhos	[viðós]
déboucher (vt)	zhbllokoj	[ʒbɫokój]
plombier (m)	hidraulik (m)	[hidraulík]
sous-sol (m)	qilar (m)	[cilár]
égouts (m pl)	kanalizim (m)	[kanalizím]

96. L'incendie

feu (m)	zjarr (m)	[zjar]
flamme (f)	flakë (f)	[flákə]
étincelle (f)	shkëndijë (f)	[ʃkəndíjə]
fumée (f)	tym (m)	[tym]
flambeau (m)	pishtar (m)	[piʃtár]
feu (m) de bois	zjarr kampingu (m)	[zjar kampíŋu]

essence (f)	benzinë (f)	[bɛnzínə]
kérosène (m)	vajgur (m)	[vajgúr]
inflammable (adj)	djegëse	[djégəsɛ]
explosif (adj)	shpërthyese	[ʃpərθýɛsɛ]
DÉFENSE DE FUMER	NDALOHET DUHANI	[ndalóhɛt duháni]

sécurité (f)	siguri (f)	[sigurí]
danger (m)	rrezik (m)	[rɛzík]
dangereux (adj)	i rrezikshëm	[i rɛzíkʃəm]

prendre feu	merr flakë	[mɛr flákə]
explosion (f)	shpërthim (m)	[ʃpərθím]
mettre feu	vë flakën	[və flákən]
incendiaire (m)	zjarrvënës (m)	[zjarvénəs]
incendie (m) prémédité	zjarrvënie e qëllimshme (f)	[zjarvéniɛ ɛ cətímʃmɛ]

flamboyer (vi)	flakëron	[flakərón]
brûler (vi)	digjet	[díɟɛt]
brûler complètement	u dogj	[u doɟ]

appeler les pompiers	telefonoj zjarrfikësit	[tɛlɛfonój zjarfíkəsit]
pompier (m)	zjarrfikës (m)	[zjarfíkəs]
voiture (f) de pompiers	kamion zjarrfikës (m)	[kamión zjarfíkəs]
sapeurs-pompiers (pl)	zjarrfikës (m)	[zjarfíkəs]
échelle (f) des pompiers	shkallë e zjarrfikëses (f)	[ʃkáɫə ɛ zjarfíkəsɛs]

tuyau (m) d'incendie	pompë e ujit (f)	[pómpə ɛ újit]
extincteur (m)	bombolë kundër zjarrit (f)	[bombólə kúndər zjárit]
casque (m)	helmetë (f)	[hɛlmétə]
sirène (f)	alarm (m)	[alárm]

crier (vi)	bërtas	[bərtás]
appeler au secours	thërras për ndihmë	[θərás pər ndíhmə]
secouriste (m)	shpëtimtar (m)	[ʃpətimtár]
sauver (vt)	shpëtoj	[ʃpətój]

venir (vi)	arrij	[aríj]
éteindre (feu)	shuaj	[ʃúaj]
eau (f)	ujë (m)	[újə]

sable (m)	**rërë** (f)	[rə́rə]
ruines (f pl)	**gërmadhë** (f)	[gərmáðə]
tomber en ruine	**shembet**	[ʃémbɛt]
s'écrouler (vp)	**rrëzohem**	[rəzóhɛm]
s'effondrer (vp)	**shembet**	[ʃémbɛt]
morceau (m) (de mur, etc.)	**mbetje** (f)	[mbétjɛ]
cendre (f)	**hi** (m)	[hi]
mourir étouffé	**asfiksim**	[asfiksím]
périr (vi)	**vdes**	[vdɛs]

LES ACTIVITÉS HUMAINS

Le travail. Les affaires. Partie 1

97. Les opérations bancaires

banque (f)	bankë (f)	[bánkə]
agence (f) bancaire	degë (f)	[dégə]
conseiller (m)	punonjës banke (m)	[punóɲəs bánkɛ]
gérant (m)	drejtor (m)	[drɛjtór]
compte (m)	llogari bankare (f)	[ɫogarí bankárɛ]
numéro (m) du compte	numër llogarie (m)	[númər ɫogaríɛ]
compte (m) courant	llogari rrjedhëse (f)	[ɫogarí rjéðəsɛ]
compte (m) sur livret	llogari kursimesh (f)	[ɫogarí kursímɛʃ]
ouvrir un compte	hap një llogari	[hap ɲə ɫogarí]
clôturer le compte	mbyll një llogari	[mbýɫ ɲə ɫogarí]
verser dans le compte	depozitoj në llogari	[dɛpozitój nə ɫogarí]
retirer du compte	tërheq	[tərhéc]
dépôt (m)	depozitë (f)	[dɛpozítə]
faire un dépôt	kryej një depozitim	[krýɛj ɲə dɛpozitím]
virement (m) bancaire	transfer bankar (m)	[transfér bankár]
faire un transfert	transferoj para	[transfɛrój pará]
somme (f)	shumë (f)	[ʃúmə]
Combien?	Sa?	[sa?]
signature (f)	nënshkrim (m)	[nənʃkrím]
signer (vt)	nënshkruaj	[nənʃkrúaj]
carte (f) de crédit	kartë krediti (f)	[kártə krɛdíti]
code (m)	kodi PIN (m)	[kódi pin]
numéro (m) de carte de crédit	numri i kartës së kreditit (m)	[númri i kártəs sə krɛdítit]
distributeur (m)	bankomat (m)	[bankomát]
chèque (m)	çek (m)	[tʃɛk]
faire un chèque	lëshoj një çek	[ləʃój ɲə tʃék]
chéquier (m)	bllok çeqesh (m)	[bɫók tʃécɛʃ]
crédit (m)	kredi (f)	[krɛdí]
demander un crédit	aplikoj për kredi	[aplikój pər krɛdí]
prendre un crédit	marr kredi	[mar krɛdí]
accorder un crédit	jap kredi	[jap krɛdí]
gage (m)	garanci (f)	[garantsí]

98. Le téléphone. La conversation téléphonique

téléphone (m)	telefon (m)	[tɛlɛfón]
portable (m)	celular (m)	[tsɛlulár]
répondeur (m)	sekretari telefonike (f)	[sɛkrɛtarí tɛlɛfoníkɛ]

téléphoner, appeler	telefonoj	[tɛlɛfonój]
appel (m)	telefonatë (f)	[tɛlɛfonátə]

composer le numéro	i bie numrit	[i bíɛ númrit]
Allô!	Përshëndetje!	[pərʃəndétjɛ!]
demander (~ l'heure)	pyes	[pýɛs]
répondre (vi, vt)	përgjigjem	[pərɟíɟɛm]

entendre (bruit, etc.)	dëgjoj	[dəɟój]
bien (adv)	mirë	[mírə]
mal (adv)	jo mirë	[jo mírə]
bruits (m pl)	zhurmë (f)	[ʒúrmə]

récepteur (m)	marrës (m)	[márəs]
décrocher (vt)	ngre telefonin	[ŋré tɛlɛfónin]
raccrocher (vi)	mbyll telefonin	[mbýɫ tɛlɛfónin]

occupé (adj)	i zënë	[i zénə]
sonner (vi)	bie zilja	[bíɛ zílja]
carnet (m) de téléphone	numerator telefonik (m)	[numɛratór tɛlɛfoník]

local (adj)	lokale	[lokálɛ]
appel (m) local	thirrje lokale (f)	[θírjɛ lokálɛ]
interurbain (adj)	distancë e largët	[distántsə ɛ lárgət]
appel (m) interurbain	thirrje në distancë (f)	[θírjɛ nə distántsə]
international (adj)	ndërkombëtar	[ndərkombətár]
appel (m) international	thirrje ndërkombëtare (f)	[θírjɛ ndərkombətárɛ]

99. Le téléphone portable

portable (m)	celular (m)	[tsɛlulár]
écran (m)	ekran (m)	[ɛkrán]
bouton (m)	buton (m)	[butón]
carte SIM (f)	karta SIM (m)	[kárta sim]

pile (f)	bateri (f)	[batɛrí]
être déchargé	e shkarkuar	[ɛ ʃkarkúar]
chargeur (m)	karikues (m)	[karikúɛs]

menu (m)	menu (f)	[mɛnú]
réglages (m pl)	parametra (f)	[paramétra]
mélodie (f)	melodi (f)	[mɛlodí]
sélectionner (vt)	përzgjedh	[pərzɟéð]

calculatrice (f)	makinë llogaritëse (f)	[makínə ɫogarítəsɛ]
répondeur (m)	postë zanore (f)	[póstə zanórɛ]
réveil (m)	alarm (m)	[alárm]

contacts (m pl)	kontakte (pl)	[kontáktɛ]
SMS (m)	SMS (m)	[ɛsɛmɛs]
abonné (m)	abonent (m)	[abonént]

100. La papeterie

| stylo (m) à bille | stilolaps (m) | [stiloláps] |
| stylo (m) à plume | stilograf (m) | [stilográf] |

crayon (m)	laps (m)	[láps]
marqueur (m)	shënjues (m)	[ʃənúɛs]
feutre (m)	tushë me bojë (f)	[túʃə mɛ bójə]

| bloc-notes (m) | bllok shënimesh (m) | [bɫók ʃənímɛʃ] |
| agenda (m) | agjendë (f) | [aɟéndə] |

règle (f)	vizore (f)	[vizórɛ]
calculatrice (f)	makinë llogaritëse (f)	[makínə ɫogarítəsɛ]
gomme (f)	gomë (f)	[gómə]
punaise (f)	pineskë (f)	[pinéskə]
trombone (m)	kapëse fletësh (f)	[kápəsɛ flétəʃ]

colle (f)	ngjitës (m)	[nɟítəs]
agrafeuse (f)	ngjitës metalik (m)	[nɟítəs mɛtalík]
perforateur (m)	hapës vrimash (m)	[hápəs vrímaʃ]
taille-crayon (m)	mprehëse lapsash (m)	[mpréhəsɛ lápsaʃ]

Le travail. Les affaires. Partie 2

101. Les médias de masse

journal (m)	gazetë (f)	[gazétə]
revue (f)	revistë (f)	[rɛvístə]
presse (f)	shtyp (m)	[ʃtyp]
radio (f)	radio (f)	[rádio]
station (f) de radio	radio stacion (m)	[rádio statsión]
télévision (f)	televizor (m)	[tɛlɛvizór]
animateur (m)	prezantues (m)	[prɛzantúɛs]
présentateur (m) de journaux télévisés	prezantues lajmesh (m)	[prɛzantúɛs lájmɛʃ]
commentateur (m)	komentues (m)	[komɛntúɛs]
journaliste (m)	gazetar (m)	[gazɛtár]
correspondant (m)	reporter (m)	[rɛportér]
reporter photographe (m)	fotograf gazetar (m)	[fotográf gazɛtár]
reporter (m)	reporter (m)	[rɛportér]
rédacteur (m)	redaktor (m)	[rɛdaktór]
rédacteur (m) en chef	kryeredaktor (m)	[kryɛrɛdaktór]
s'abonner (vp)	abonohem	[abonóhɛm]
abonnement (m)	abonim (m)	[aboním]
abonné (m)	abonent (m)	[abonént]
lire (vi, vt)	lexoj	[lɛdzój]
lecteur (m)	lexues (m)	[lɛdzúɛs]
tirage (m)	qarkullim (m)	[carkuɫím]
mensuel (adj)	mujore	[mujórɛ]
hebdomadaire (adj)	javor	[javór]
numéro (m)	edicion (m)	[ɛditsión]
nouveau (~ numéro)	i ri	[i rí]
titre (m)	kryeradhë (f)	[kryɛráðə]
entrefilet (m)	artikull i shkurtër (m)	[artíkuɫ i ʃkúrtər]
rubrique (f)	rubrikë (f)	[rubríkə]
article (m)	artikull (m)	[artíkuɫ]
page (f)	faqe (f)	[fácɛ]
reportage (m)	reportazh (m)	[rɛportáʒ]
événement (m)	ceremoni (f)	[tsɛrɛmoní]
sensation (f)	ndjesi (f)	[ndjɛsí]
scandale (m)	skandal (m)	[skandál]
scandaleux	skandaloz	[skandalóz]
grand (~ scandale)	i madh	[i máð]
émission (f)	emision (m)	[ɛmisión]
interview (f)	intervistë (f)	[intɛrvístə]

| émission (f) en direct | lidhje direkte (f) | [líðjɛ dirɛ́ktɛ] |
| chaîne (f) (~ payante) | kanal (m) | [kanál] |

102. L'agriculture

agriculture (f)	agrikulturë (f)	[agrikultúrə]
paysan (m)	fshatar (m)	[fʃatár]
paysanne (f)	fshatare (f)	[fʃatárɛ]
fermier (m)	fermer (m)	[fɛrmér]

| tracteur (m) | traktor (m) | [traktór] |
| moissonneuse-batteuse (f) | autokombajnë (f) | [autokombájnə] |

charrue (f)	plug (m)	[plug]
labourer (vt)	lëroj	[lərój]
champ (m) labouré	tokë bujqësore (f)	[tókə bujcəsórɛ]
sillon (m)	brazdë (f)	[brázdə]

semer (vt)	mbjell	[mbjéɫ]
semeuse (f)	mbjellës (m)	[mbjéɫəs]
semailles (f pl)	mbjellje (f)	[mbjéɫjɛ]

| faux (f) | kosë (f) | [kósə] |
| faucher (vt) | kosit | [kosít] |

| pelle (f) | lopatë (f) | [lopátə] |
| bêcher (vt) | lëroj | [lərój] |

couperet (m)	shat (m)	[ʃat]
sarcler (vt)	prashis	[praʃís]
mauvaise herbe (f)	bar i keq (m)	[bar i kɛc]

arrosoir (m)	vaditës (m)	[vadítəs]
arroser (plantes)	ujis	[ujís]
arrosage (m)	vaditje (f)	[vadítjɛ]

| fourche (f) | sfurk (m) | [sfúrk] |
| râteau (m) | grabujë (f) | [grabújə] |

engrais (m)	pleh (m)	[plɛh]
engraisser (vt)	hedh pleh	[hɛð pléh]
fumier (m)	pleh kafshësh (m)	[plɛh káfʃəʃ]

champ (m)	fushë (f)	[fúʃə]
pré (m)	lëndinë (f)	[ləndínə]
potager (m)	kopsht zarzavatesh (m)	[kópʃt zarzavátɛʃ]
jardin (m)	kopsht frutor (m)	[kópʃt frutór]

faire paître	kullos	[kuɫós]
berger (m)	bari (m)	[barí]
pâturage (m)	kullota (f)	[kuɫóta]

| élevage (m) | mbarështim bagëtish (m) | [mbarəʃtím bagətíʃ] |
| élevage (m) de moutons | rritje e deleve (f) | [rítjɛ ɛ délɛvɛ] |

plantation (f)	plantacion (m)	[plantatsión]
plate-bande (f)	rresht (m)	[réʃt]
serre (f)	serë (f)	[sérə]

| sécheresse (f) | thatësirë (f) | [θatəsírə] |
| sec (l'été ~) | e thatë | [ɛ θátə] |

grains (m pl)	drithë (m)	[dríθə]
céréales (f pl)	drithëra (pl)	[dríθəra]
récolter (vt)	korr	[kor]

meunier (m)	mullixhi (m)	[muɫidʒí]
moulin (m)	mulli (m)	[muɫí]
moudre (vt)	bluaj	[blúaj]
farine (f)	miell (m)	[míɛɫ]
paille (f)	kashtë (f)	[káʃtə]

103. Le BTP et la construction

chantier (m)	kantier ndërtimi (m)	[kantiér ndərtími]
construire (vt)	ndërtoj	[ndərtój]
ouvrier (m) du bâtiment	punëtor ndërtimi (m)	[punətór ndərtími]

projet (m)	projekt (m)	[projékt]
architecte (m)	arkitekt (m)	[arkitékt]
ouvrier (m)	punëtor (m)	[punətór]

fondations (f pl)	themel (m)	[θɛmél]
toit (m)	çati (f)	[tʃatí]
pieu (m) de fondation	shtyllë themeli (f)	[ʃtýɫə θɛméli]
mur (m)	mur (m)	[mur]

| ferraillage (m) | shufra përforcuese (pl) | [ʃúfra pərfortsúɛsɛ] |
| échafaudage (m) | skela (f) | [skéla] |

béton (m)	beton (m)	[bɛtón]
granit (m)	granit (m)	[granít]
pierre (f)	gur (m)	[gur]
brique (f)	tullë (f)	[túɫə]

sable (m)	rërë (f)	[rérə]
ciment (m)	çimento (f)	[tʃiménto]
plâtre (m)	suva (f)	[súva]
plâtrer (vt)	suvatoj	[suvatój]

peinture (f)	bojë (f)	[bójə]
peindre (des murs)	lyej	[lýɛj]
tonneau (m)	fuçi (f)	[futʃí]

grue (f)	vinç (m)	[vintʃ]
monter (vt)	ngreh	[ŋréh]
abaisser (vt)	ul	[ul]
bulldozer (m)	buldozer (m)	[buldozér]
excavateur (m)	ekskavator (m)	[ɛkskavatór]

godet (m)	goja e ekskavatorit (f)	[gója ɛ ɛkskavatórit]
creuser (vt)	**gërmoj**	[gərmój]
casque (m)	**helmetë** (f)	[hɛlmétə]

Les professions. Les métiers

104. La recherche d'emploi. Le licenciement

travail (m)	punë (f)	[púnə]
employés (pl)	staf (m)	[staf]
personnel (m)	personel (m)	[pɛrsonél]
carrière (f)	karrierë (f)	[kariérə]
perspective (f)	mundësi (f)	[mundəsí]
maîtrise (f)	aftësi (f)	[aftəsí]
sélection (f)	përzgjedhje (f)	[pərzɟéðjɛ]
agence (f) de recrutement	agjenci punësimi (f)	[aɟɛntsí punəsími]
C.V. (m)	resume (f)	[rɛsumé]
entretien (m)	intervistë punësimi (f)	[intɛrvístə punəsími]
emploi (m) vacant	vend i lirë pune (m)	[vɛnd i lírə púnɛ]
salaire (m)	rrogë (f)	[rógə]
salaire (m) fixe	rrogë fikse (f)	[rógə fíksɛ]
rémunération (f)	pagesë (f)	[pagésə]
poste (m) (~ évolutif)	post (m)	[post]
fonction (f)	detyrë (f)	[dɛtýrə]
liste (f) des fonctions	lista e detyrave (f)	[lísta ɛ dɛtýravɛ]
occupé (adj)	i zënë	[i zénə]
licencier (vt)	pushoj nga puna	[puʃój ŋa púna]
licenciement (m)	pushim nga puna (m)	[puʃím ŋa púna]
chômage (m)	papunësi (m)	[papunəsí]
chômeur (m)	i papunë (m)	[i papúnə]
retraite (f)	pension (m)	[pɛnsión]
prendre sa retraite	dal në pension	[dál nə pɛnsión]

105. Les hommes d'affaires

directeur (m)	drejtor (m)	[drɛjtór]
gérant (m)	drejtor (m)	[drɛjtór]
patron (m)	bos (m)	[bos]
supérieur (m)	epror (m)	[ɛprór]
supérieurs (m pl)	eprorët (pl)	[ɛprórət]
président (m)	president (m)	[prɛsidént]
président (m) (d'entreprise)	kryetar (m)	[kryɛtár]
adjoint (m)	zëvendës (m)	[zəvéndəs]
assistant (m)	ndihmës (m)	[ndíhməs]

| secrétaire (m, f) | sekretar (m) | [sɛkrɛtár] |
| secrétaire (m, f) personnel | ndihmës personal (m) | [ndíhməs pɛrsonál] |

homme (m) d'affaires	biznesmen (m)	[biznɛsmén]
entrepreneur (m)	sipërmarrës (m)	[sipərmárəs]
fondateur (m)	themelues (m)	[θɛmɛlúɛs]
fonder (vt)	themeloj	[θɛmɛlój]

fondateur (m)	bashkëthemelues (m)	[baʃkəθɛmɛlúɛs]
partenaire (m)	partner (m)	[partnér]
actionnaire (m)	aksioner (m)	[aksionér]

millionnaire (m)	milioner (m)	[milionér]
milliardaire (m)	bilioner (m)	[bilionér]
propriétaire (m)	pronar (m)	[pronár]
propriétaire (m) foncier	pronar tokash (m)	[pronár tókaʃ]

client (m)	klient (m)	[kliént]
client (m) régulier	klient i rregullt (m)	[kliént i réguɫt]
acheteur (m)	blerës (m)	[blérəs]
visiteur (m)	vizitor (m)	[vizitór]

professionnel (m)	profesionist (m)	[profɛsioníst]
expert (m)	ekspert (m)	[ɛkspért]
spécialiste (m)	specialist (m)	[spɛtsialíst]

| banquier (m) | bankier (m) | [bankiér] |
| courtier (m) | komisioner (m) | [komisionér] |

caissier (m)	arkëtar (m)	[arkətár]
comptable (m)	kontabilist (m)	[kontabilíst]
agent (m) de sécurité	roje sigurimi (m)	[rójɛ sigurími]

investisseur (m)	investitor (m)	[invɛstitór]
débiteur (m)	debitor (m)	[dɛbitór]
créancier (m)	kreditor (m)	[krɛditór]
emprunteur (m)	huamarrës (m)	[huamárəs]

| importateur (m) | importues (m) | [importúɛs] |
| exportateur (m) | eksportues (m) | [ɛksportúɛs] |

producteur (m)	prodhues (m)	[proðúɛs]
distributeur (m)	distributor (m)	[distributór]
intermédiaire (m)	ndërmjetës (m)	[ndərmjétəs]

conseiller (m)	këshilltar (m)	[kəʃiɫtár]
représentant (m)	përfaqësues i shitjeve (m)	[pərfacəsúɛs i ʃitjévɛ]
agent (m)	agjent (m)	[aɟént]
agent (m) d'assurances	agjent sigurimesh (m)	[aɟént sigurímɛʃ]

106. Les métiers des services

| cuisinier (m) | kuzhinier (m) | [kuʒiniér] |
| cuisinier (m) en chef | shef kuzhine (m) | [ʃɛf kuʒínɛ] |

boulanger (m)	furrtar (m)	[furtár]
barman (m)	banakier (m)	[banakiér]
serveur (m)	kamerier (m)	[kamɛriér]
serveuse (f)	kameriere (f)	[kamɛriérɛ]
avocat (m)	avokat (m)	[avokát]
juriste (m)	jurist (m)	[juríst]
notaire (m)	noter (m)	[notér]
électricien (m)	elektricist (m)	[ɛlɛktritsíst]
plombier (m)	hidraulik (m)	[hidraulík]
charpentier (m)	marangoz (m)	[maraŋóz]
masseur (m)	masazhist (m)	[masaʒíst]
masseuse (f)	masazhiste (f)	[masaʒístɛ]
médecin (m)	mjek (m)	[mjék]
chauffeur (m) de taxi	shofer taksie (m)	[ʃofér taksíɛ]
chauffeur (m)	shofer (m)	[ʃofér]
livreur (m)	postier (m)	[postiér]
femme (f) de chambre	pastruese (f)	[pastrúɛsɛ]
agent (m) de sécurité	roje sigurimi (m)	[rójɛ sigurími]
hôtesse (f) de l'air	stjuardesë (f)	[stjuardésə]
professeur (m)	mësues (m)	[məsúɛs]
bibliothécaire (m)	punonjës biblioteke (m)	[punóɲəs bibliotékɛ]
traducteur (m)	përkthyes (m)	[pərkθýɛs]
interprète (m)	përkthyes (m)	[pərkθýɛs]
guide (m)	udhërrëfyes (m)	[uðərəfýɛs]
coiffeur (m)	parukiere (f)	[parukiérɛ]
facteur (m)	postier (m)	[postiér]
vendeur (m)	shitës (m)	[ʃítəs]
jardinier (m)	kopshtar (m)	[kopʃtár]
serviteur (m)	shërbëtor (m)	[ʃərbətór]
servante (f)	shërbëtore (f)	[ʃərbətórɛ]
femme (f) de ménage	pastruese (f)	[pastrúɛsɛ]

107. Les professions militaires et leurs grades

soldat (m) (grade)	ushtar (m)	[uʃtár]
sergent (m)	rreshter (m)	[rɛʃtér]
lieutenant (m)	toger (m)	[togér]
capitaine (m)	kapiten (m)	[kapitén]
commandant (m)	major (m)	[majór]
colonel (m)	kolonel (m)	[kolonél]
général (m)	gjeneral (m)	[ɟɛnɛrál]
maréchal (m)	marshall (m)	[marʃáɫ]
amiral (m)	admiral (m)	[admirál]
militaire (m)	ushtri (f)	[uʃtrí]
soldat (m)	ushtar (m)	[uʃtár]

| officier (m) | oficer (m) | [ofitsér] |
| commandant (m) | komandant (m) | [komandánt] |

garde-frontière (m)	roje kufiri (m)	[rójɛ kufíri]
opérateur (m) radio	radist (m)	[radíst]
éclaireur (m)	eksplorues (m)	[ɛksplorúɛs]
démineur (m)	xhenier (m)	[dʒɛniér]
tireur (m)	shënjues (m)	[ʃəɲúɛs]
navigateur (m)	navigues (m)	[navigúɛs]

108. Les fonctionnaires. Les prêtres

| roi (m) | mbret (m) | [mbrét] |
| reine (f) | mbretëreshë (f) | [mbrɛtəréʃə] |

| prince (m) | princ (m) | [prints] |
| princesse (f) | princeshë (f) | [printséʃə] |

| tsar (m) | car (m) | [tsár] |
| tsarine (f) | carina (f) | [tsarína] |

président (m)	president (m)	[prɛsidént]
ministre (m)	ministër (m)	[minístər]
premier ministre (m)	kryeministër (m)	[kryɛminístər]
sénateur (m)	senator (m)	[sɛnatór]

diplomate (m)	diplomat (m)	[diplomát]
consul (m)	konsull (m)	[kónsuɫ]
ambassadeur (m)	ambasador (m)	[ambasadór]
conseiller (m)	këshilltar diplomatik (m)	[kəʃiɫtár diplomatík]

fonctionnaire (m)	zyrtar (m)	[zyrtár]
préfet (m)	prefekt (m)	[prɛfékt]
maire (m)	kryetar komune (m)	[kryɛtár komúnɛ]

| juge (m) | gjykatës (m) | [ɟykátəs] |
| procureur (m) | prokuror (m) | [prokurór] |

missionnaire (m)	misionar (m)	[misionár]
moine (m)	murg (m)	[murg]
abbé (m)	abat (m)	[abát]
rabbin (m)	rabin (m)	[rabín]

vizir (m)	vezir (m)	[vɛzír]
shah (m)	shah (m)	[ʃah]
cheik (m)	sheik (m)	[ʃéik]

109. Les professions agricoles

apiculteur (m)	bletar (m)	[blɛtár]
berger (m)	bari (m)	[barí]
agronome (m)	agronom (m)	[agronóm]

éleveur (m)	rritës bagëtish (m)	[rítəs bagətíʃ]
vétérinaire (m)	veteriner (m)	[vɛtɛrinér]
fermier (m)	fermer (m)	[fɛrmér]
vinificateur (m)	prodhues verërash (m)	[proðúɛs vé[rə]raʃ]
zoologiste (m)	zoolog (m)	[zoológ]
cow-boy (m)	lopar (m)	[lopár]

110. Les professions artistiques

acteur (m)	aktor (m)	[aktór]
actrice (f)	aktore (f)	[aktórɛ]
chanteur (m)	këngëtar (m)	[kəŋətár]
cantatrice (f)	këngëtare (f)	[kəŋətárɛ]
danseur (m)	valltar (m)	[vaɬtár]
danseuse (f)	valltare (f)	[vaɬtárɛ]
artiste (m)	artist (m)	[artíst]
artiste (f)	artiste (f)	[artístɛ]
musicien (m)	muzikant (m)	[muzikánt]
pianiste (m)	pianist (m)	[pianíst]
guitariste (m)	kitarist (m)	[kitaríst]
chef (m) d'orchestre	dirigjent (m)	[diriɟént]
compositeur (m)	kompozitor (m)	[kompozitór]
imprésario (m)	organizator (m)	[organizatór]
metteur (m) en scène	regjisor (m)	[rɛɟisór]
producteur (m)	producent (m)	[produtsént]
scénariste (m)	skenarist (m)	[skɛnaríst]
critique (m)	kritik (m)	[kritík]
écrivain (m)	shkrimtar (m)	[ʃkrimtár]
poète (m)	poet (m)	[poét]
sculpteur (m)	skulptor (m)	[skulptór]
peintre (m)	piktor (m)	[piktór]
jongleur (m)	zhongler (m)	[ʒoŋlér]
clown (m)	kloun (m)	[kloún]
acrobate (m)	akrobat (m)	[akrobát]
magicien (m)	magjistar (m)	[maɟistár]

111. Les différents métiers

médecin (m)	mjek (m)	[mjék]
infirmière (f)	infermiere (f)	[infɛrmiérɛ]
psychiatre (m)	psikiatër (m)	[psikiátər]
stomatologue (m)	dentist (m)	[dɛntíst]
chirurgien (m)	kirurg (m)	[kirúrg]

astronaute (m)	astronaut (m)	[astronaút]
astronome (m)	astronom (m)	[astronóm]
pilote (m)	pilot (m)	[pilót]
chauffeur (m)	shofer (m)	[ʃofér]
conducteur (m) de train	makinist (m)	[makiníst]
mécanicien (m)	mekanik (m)	[mɛkaník]
mineur (m)	minator (m)	[minatór]
ouvrier (m)	punëtor (m)	[punətór]
serrurier (m)	bravandreqës (m)	[bravandrécəs]
menuisier (m)	marangoz (m)	[maraŋóz]
tourneur (m)	tornitor (m)	[tornitór]
ouvrier (m) du bâtiment	punëtor ndërtimi (m)	[punətór ndərtími]
soudeur (m)	saldator (m)	[saldatór]
professeur (m) (titre)	profesor (m)	[profɛsór]
architecte (m)	arkitekt (m)	[arkitékt]
historien (m)	historian (m)	[historián]
savant (m)	shkencëtar (m)	[ʃkɛntsətár]
physicien (m)	fizikant (m)	[fizikánt]
chimiste (m)	kimist (m)	[kimíst]
archéologue (m)	arkeolog (m)	[arkɛológ]
géologue (m)	gjeolog (m)	[ɟɛológ]
chercheur (m)	studiues (m)	[studiúɛs]
baby-sitter (m, f)	dado (f)	[dádo]
pédagogue (m, f)	mësues (m)	[məsúɛs]
rédacteur (m)	redaktor (m)	[rɛdaktór]
rédacteur (m) en chef	kryeredaktor (m)	[kryɛrɛdaktór]
correspondant (m)	korrespondent (m)	[korɛspondént]
dactylographe (f)	daktilografiste (f)	[daktilografístɛ]
designer (m)	projektues (m)	[projɛktúɛs]
informaticien (m)	ekspert kompjuterësh (m)	[ɛkspért kompjutérəʃ]
programmeur (m)	programues (m)	[programúɛs]
ingénieur (m)	inxhinier (m)	[indʒiniér]
marin (m)	marinar (m)	[marinár]
matelot (m)	marinar (m)	[marinár]
secouriste (m)	shpëtimtar (m)	[ʃpətimtár]
pompier (m)	zjarrfikës (m)	[zjarfíkəs]
policier (m)	polic (m)	[políts]
veilleur (m) de nuit	roje (f)	[rójɛ]
détective (m)	detektiv (m)	[dɛtɛktív]
douanier (m)	doganier (m)	[doganiér]
garde (m) du corps	truprojë (f)	[truprójə]
gardien (m) de prison	gardian burgu (m)	[gardián búrgu]
inspecteur (m)	inspektor (m)	[inspɛktór]
sportif (m)	sportist (m)	[sportíst]
entraîneur (m)	trajner (m)	[trajnér]

boucher (m)	kasap (m)	[kasáp]
cordonnier (m)	këpucëtar (m)	[kəputsətár]
commerçant (m)	tregtar (m)	[trɛgtár]
chargeur (m)	ngarkues (m)	[ŋarkúɛs]

| couturier (m) | stilist (m) | [stilíst] |
| modèle (f) | modele (f) | [modélɛ] |

112. Les occupations. Le statut social

| écolier (m) | nxënës (m) | [ndzə́nəs] |
| étudiant (m) | student (m) | [studént] |

philosophe (m)	filozof (m)	[filozóf]
économiste (m)	ekonomist (m)	[ɛkonomíst]
inventeur (m)	shpikës (m)	[ʃpíkəs]

chômeur (m)	i papunë (m)	[i papúnə]
retraité (m)	pensionist (m)	[pɛnsioníst]
espion (m)	spiun (m)	[spiún]

prisonnier (m)	i burgosur (m)	[i burgósur]
gréviste (m)	grevist (m)	[grɛvíst]
bureaucrate (m)	burokrat (m)	[burokrát]
voyageur (m)	udhëtar (m)	[uðətár]

homosexuel (m)	homoseksual (m)	[homosɛksuál]
hacker (m)	haker (m)	[hakér]
hippie (m, f)	hipik (m)	[hipík]

bandit (m)	bandit (m)	[bandít]
tueur (m) à gages	vrasës (m)	[vrásəs]
drogué (m)	narkoman (m)	[narkomán]
trafiquant (m) de drogue	trafikant droge (m)	[trafikánt drógɛ]
prostituée (f)	prostitutë (f)	[prostitútə]
souteneur (m)	tutor (m)	[tutór]

sorcier (m)	magjistar (m)	[maɟistár]
sorcière (f)	shtrigë (f)	[ʃtrígə]
pirate (m)	pirat (m)	[pirát]
esclave (m)	skllav (m)	[skɫav]
samouraï (m)	samurai (m)	[samurái]
sauvage (m)	i egër (m)	[i égər]

Le sport

113. Les types de sports. Les sportifs

sportif (m)	sportist (m)	[sportíst]
type (m) de sport	lloj sporti (m)	[łoj spórti]
basket-ball (m)	basketboll (m)	[baskɛtbół]
basketteur (m)	basketbollist (m)	[baskɛtbołíst]
base-ball (m)	bejsboll (m)	[bɛjsbół]
joueur (m) de base-ball	lojtar bejsbolli (m)	[lojtár bɛjsbóti]
football (m)	futboll (m)	[futbół]
joueur (m) de football	futbollist (m)	[futbołíst]
gardien (m) de but	portier (m)	[portiér]
hockey (m)	hokej (m)	[hokéj]
hockeyeur (m)	lojtar hokeji (m)	[lojtár hokéji]
volley-ball (m)	volejboll (m)	[volɛjbół]
joueur (m) de volley-ball	volejbollist (m)	[volɛjbołíst]
boxe (f)	boks (m)	[boks]
boxeur (m)	boksier (m)	[boksiér]
lutte (f)	mundje (f)	[múndjɛ]
lutteur (m)	mundës (m)	[múndəs]
karaté (m)	karate (f)	[karátɛ]
karatéka (m)	karateist (m)	[karatɛíst]
judo (m)	xhudo (f)	[dʒúdo]
judoka (m)	xhudist (m)	[dʒudíst]
tennis (m)	tenis (m)	[tɛnís]
joueur (m) de tennis	tenist (m)	[tɛníst]
natation (f)	not (m)	[not]
nageur (m)	notar (m)	[notár]
escrime (f)	skerma (f)	[skérma]
escrimeur (m)	skermist (m)	[skɛrmíst]
échecs (m pl)	shah (m)	[ʃah]
joueur (m) d'échecs	shahist (m)	[ʃahíst]
alpinisme (m)	alpinizëm (m)	[alpinízəm]
alpiniste (m)	alpinist (m)	[alpiníst]
course (f)	vrapim (m)	[vrapím]

coureur (m)	**vrapues** (m)	[vrapúɛs]
athlétisme (m)	**atletikë** (f)	[atlɛtíkə]
athlète (m)	**atlet** (m)	[atlét]
équitation (f)	**kalërim** (m)	[kalərím]
cavalier (m)	**kalorës** (m)	[kalórəs]
patinage (m) artistique	**patinazh** (m)	[patináʒ]
patineur (m)	**patinator** (m)	[patinatór]
patineuse (f)	**patinatore** (f)	[patinatórɛ]
haltérophilie (f)	**peshëngritje** (f)	[pɛʃəŋrítjɛ]
haltérophile (m)	**peshëngritës** (m)	[pɛʃəŋrítəs]
course (f) automobile	**garë me makina** (f)	[gárə mɛ makína]
pilote (m)	**shofer garash** (m)	[ʃofér gáraʃ]
cyclisme (m)	**çiklizëm** (m)	[tʃiklízəm]
cycliste (m)	**çiklist** (m)	[tʃiklíst]
sauts (m pl) en longueur	**kërcim së gjati** (m)	[kərtsím sə ɟáti]
sauts (m pl) à la perche	**kërcim së larti** (m)	[kərtsím sə lárti]
sauteur (m)	**kërcyes** (m)	[kərtsýɛs]

114. Les types de sports. Divers

football (m) américain	**futboll amerikan** (m)	[futbóɫ amɛrikán]
badminton (m)	**badminton** (m)	[bádminton]
biathlon (m)	**biatlon** (m)	[biatlón]
billard (m)	**bilardo** (f)	[bilárdo]
bobsleigh (m)	**bobsled** (m)	[bobsléd]
bodybuilding (m)	**bodybuilding** (m)	[bodybuildíŋ]
water-polo (m)	**vaterpol** (m)	[vatɛrpól]
handball (m)	**hendboll** (m)	[hɛndbóɫ]
golf (m)	**golf** (m)	[golf]
aviron (m)	**kanotazh** (m)	[kanotáʒ]
plongée (f)	**zhytje** (f)	[ʒýtjɛ]
course (f) à skis	**skijim nordik** (m)	[skijím nordík]
tennis (m) de table	**ping pong** (m)	[piŋ póŋ]
voile (f)	**lundrim me vela** (m)	[lundrím mɛ véla]
rallye (m)	**garë rally** (f)	[gárə ráɫy]
rugby (m)	**ragbi** (m)	[rágbi]
snowboard (m)	**snoubord** (m)	[snoubórd]
tir (m) à l'arc	**gjuajtje me hark** (f)	[ɟúajtjɛ mɛ hárk]

115. La salle de sport

barre (f) à disques	**peshë** (f)	[péʃə]
haltères (m pl)	**gira** (f)	[gíra]

appareil (m) d'entraînement	makinë trajnimi (f)	[makínə trajními]
vélo (m) d'exercice	biçikletë ushtrimesh (f)	[bitʃiklétə uʃtrímɛʃ]
tapis (m) roulant	makinë vrapi (f)	[makínə vrápi]
barre (f) fixe	tra horizontal (m)	[tra horizontál]
barres (pl) parallèles	trarë paralele (pl)	[trárə paralélɛ]
cheval (m) d'Arçons	kaluç (m)	[kalútʃ]
tapis (m) gymnastique	tapet gjimnastike (m)	[tapét ɟimnastíkɛ]
corde (f) à sauter	litar këcimi (m)	[litár kərtsími]
aérobic (m)	aerobik (m)	[aɛrobík]
yoga (m)	joga (f)	[jóga]

116. Le sport. Divers

Jeux (m pl) olympiques	Lojërat Olimpike (pl)	[lójərat olimpíkɛ]
gagnant (m)	fitues (m)	[fitúɛs]
remporter (vt)	duke fituar	[dúkɛ fitúar]
gagner (vi)	fitoj	[fitój]
leader (m)	lider (m)	[lidér]
prendre la tête	udhëheq	[uðəhéc]
première place (f)	vendi i parë	[véndi i párə]
deuxième place (f)	vendi i dytë	[véndi i dýtə]
troisième place (f)	vendi i tretë	[véndi i trétə]
médaille (f)	medalje (f)	[mɛdáljɛ]
trophée (m)	trofe (f)	[trofé]
coupe (f) (trophée)	kupë (f)	[kúpə]
prix (m)	çmim (m)	[tʃmím]
prix (m) principal	çmimi i parë (m)	[tʃmími i párə]
record (m)	rekord (m)	[rɛkórd]
établir un record	vendos rekord	[vɛndós rɛkórd]
finale (f)	finale	[finálɛ]
final (adj)	finale	[finálɛ]
champion (m)	kampion (m)	[kampión]
championnat (m)	kampionat (m)	[kampionát]
stade (m)	stadium (m)	[stadiúm]
tribune (f)	tribunë (f)	[tribúnə]
supporteur (m)	tifoz (m)	[tifóz]
adversaire (m)	kundërshtar (m)	[kundərʃtár]
départ (m)	start (m)	[start]
ligne (f) d'arrivée	cak (m)	[tsák]
défaite (f)	humbje (f)	[húmbjɛ]
perdre (vi)	humb	[húmb]
arbitre (m)	arbitër (m)	[arbítər]
jury (m)	juri (f)	[jurí]

score (m)	**rezultat** (m)	[rɛzultát]
match (m) nul	**barazim** (m)	[barazím]
faire match nul	**barazoj**	[barazój]
point (m)	**pikë** (f)	[píkə]
résultat (m)	**rezultat** (m)	[rɛzultát]
période (f)	**pjesë** (f)	[pjésə]
mi-temps (f) (pause)	**pushim** (m)	[puʃím]
dopage (m)	**doping** (m)	[dopíŋ]
pénaliser (vt)	**penalizoj**	[pɛnalizój]
disqualifier (vt)	**diskualifikoj**	[diskualifikój]
agrès (m)	**aparat** (m)	[aparát]
lance (f)	**hedhje e shtizës** (f)	[héðjɛ ɛ ʃtízəs]
poids (m) (boule de métal)	**gjyle** (f)	[ɟýlɛ]
bille (f) (de billard, etc.)	**bile** (f)	[bílɛ]
but (cible)	**shënjestër** (f)	[ʃəɲéstər]
cible (~ en papier)	**shënjestër** (f)	[ʃəɲéstər]
tirer (vi)	**qëlloj**	[cəɫój]
précis (un tir ~)	**e saktë**	[ɛ sáktə]
entraîneur (m)	**trajner** (m)	[trajnér]
entraîner (vt)	**stërvit**	[stərvít]
s'entraîner (vp)	**stërvitem**	[stərvítɛm]
entraînement (m)	**trajnim** (m)	[trajním]
salle (f) de gym	**palestër** (f)	[paléstər]
exercice (m)	**ushtrime** (f)	[uʃtrímɛ]
échauffement (m)	**ngrohje** (f)	[ŋróhjɛ]

L'éducation

117. L'éducation

école (f)	shkollë (f)	[ʃkótə]
directeur (m) d'école	drejtor shkolle (m)	[drɛjtór ʃkótɛ]
élève (m)	nxënës (m)	[ndzénəs]
élève (f)	nxënëse (f)	[ndzénəsɛ]
écolier (m)	nxënës (m)	[ndzénəs]
écolière (f)	nxënëse (f)	[ndzénəsɛ]
enseigner (vt)	jap mësim	[jap məsím]
apprendre (~ l'arabe)	mësoj	[məsój]
apprendre par cœur	mësoj përmendësh	[məsój pərméndəʃ]
apprendre (à faire qch)	mësoj	[məsój]
être étudiant, -e	jam në shkollë	[jam nə ʃkótə]
aller à l'école	shkoj në shkollë	[ʃkoj nə ʃkótə]
alphabet (m)	alfabet (m)	[alfabét]
matière (f)	lëndë (f)	[léndə]
salle (f) de classe	klasë (f)	[klásə]
leçon (f)	mësim (m)	[məsím]
récréation (f)	pushim (m)	[puʃím]
sonnerie (f)	zile e shkollës (f)	[zílɛ ɛ ʃkótəs]
pupitre (m)	bankë e shkollës (f)	[bánkə ɛ ʃkótəs]
tableau (m) noir	tabelë e zezë (f)	[tabélə ɛ zézə]
note (f)	notë (f)	[nótə]
bonne note (f)	notë e mirë (f)	[nótə ɛ mírə]
mauvaise note (f)	notë e keqe (f)	[nótə ɛ kécɛ]
donner une note	vendos notë	[vɛndós nótə]
faute (f)	gabim (m)	[gabím]
faire des fautes	bëj gabime	[bəj gabímɛ]
corriger (une erreur)	korrigjoj	[koriɟój]
antisèche (f)	kopje (f)	[kópjɛ]
devoir (m)	detyrë shtëpie (f)	[dɛtýrə ʃtəpíɛ]
exercice (m)	ushtrim (m)	[uʃtrím]
être présent	jam prezent	[jam prɛzént]
être absent	mungoj	[muɲój]
manquer l'école	mungoj në shkollë	[muɲój nə ʃkótə]
punir (vt)	ndëshkoj	[ndəʃkój]
punition (f)	ndëshkim (m)	[ndəʃkím]
conduite (f)	sjellje (f)	[sjétjɛ]

carnet (m) de notes	**dëftesë** (f)	[dəftésə]
crayon (m)	**laps** (m)	[láps]
gomme (f)	**gomë** (f)	[gómə]
craie (f)	**shkumës** (m)	[ʃkúməs]
plumier (m)	**portofol lapsash** (m)	[portofól lápsaʃ]
cartable (m)	**çantë shkolle** (f)	[tʃántə ʃkótɛ]
stylo (m)	**stilolaps** (m)	[stiloláps]
cahier (m)	**fletore** (f)	[flɛtórɛ]
manuel (m)	**tekst mësimor** (m)	[tɛkst məsimór]
compas (m)	**kompas** (m)	[kompás]
dessiner (~ un plan)	**vizatoj**	[vizatój]
dessin (m) technique	**vizatim teknik** (m)	[vizatím tɛkník]
poésie (f)	**poezi** (f)	[poɛzí]
par cœur (adv)	**përmendësh**	[pərméndəʃ]
apprendre par cœur	**mësoj përmendësh**	[məsój pərméndəʃ]
vacances (f pl)	**pushimet e shkollës** (m)	[puʃímɛt ɛ ʃkótəs]
être en vacances	**jam me pushime**	[jam mɛ puʃímɛ]
passer les vacances	**kaloj pushimet**	[kalój puʃímɛt]
interrogation (f) écrite	**test** (m)	[tɛst]
composition (f)	**ese** (f)	[ɛsé]
dictée (f)	**diktim** (m)	[diktím]
examen (m)	**provim** (m)	[provím]
passer les examens	**kam provim**	[kam provím]
expérience (f) (~ de chimie)	**eksperiment** (m)	[ɛkspɛrimént]

118. L'enseignement supérieur

académie (f)	**akademi** (f)	[akadɛmí]
université (f)	**universitet** (m)	[univɛrsitét]
faculté (f)	**fakultet** (m)	[fakultét]
étudiant (m)	**student** (m)	[studént]
étudiante (f)	**studente** (f)	[studéntɛ]
enseignant (m)	**pedagog** (m)	[pɛdagóg]
salle (f)	**auditor** (m)	[auditór]
licencié (m)	**i diplomuar** (m)	[i diplomúar]
diplôme (m)	**diplomë** (f)	[diplómə]
thèse (f)	**disertacion** (m)	[disɛrtatsión]
étude (f)	**studim** (m)	[studím]
laboratoire (m)	**laborator** (m)	[laboratór]
cours (m)	**leksion** (m)	[lɛksión]
camarade (m) de cours	**shok kursi** (m)	[ʃok kúrsi]
bourse (f)	**bursë** (f)	[búrsə]
grade (m) universitaire	**diplomë akademike** (f)	[diplómə akadɛmíkɛ]

119. Les disciplines scientifiques

mathématiques (f pl)	matematikë (f)	[matɛmatíkə]
algèbre (f)	algjebër (f)	[alɟébər]
géométrie (f)	gjeometri (f)	[ɟɛomɛtrí]
astronomie (f)	astronomi (f)	[astronomí]
biologie (f)	biologji (f)	[bioloɟí]
géographie (f)	gjeografi (f)	[ɟɛografí]
géologie (f)	gjeologji (f)	[ɟɛoloɟí]
histoire (f)	histori (f)	[historí]
médecine (f)	mjekësi (f)	[mjɛkəsí]
pédagogie (f)	pedagogji (f)	[pɛdagoɟí]
droit (m)	drejtësi (f)	[drɛjtəsí]
physique (f)	fizikë (f)	[fizíkə]
chimie (f)	kimi (f)	[kimí]
philosophie (f)	filozofi (f)	[filozofí]
psychologie (f)	psikologji (f)	[psikoloɟí]

120. Le système d'écriture et l'orthographe

grammaire (f)	gramatikë (f)	[gramatíkə]
vocabulaire (m)	fjalor (m)	[fjalór]
phonétique (f)	fonetikë (f)	[fonɛtíkə]
nom (m)	emër (m)	[émər]
adjectif (m)	mbiemër (m)	[mbiémər]
verbe (m)	folje (f)	[fóljɛ]
adverbe (m)	ndajfolje (f)	[ndajfóljɛ]
pronom (m)	përemër (m)	[pərémər]
interjection (f)	pasthirrmë (f)	[pasθírrmə]
préposition (f)	parafjalë (f)	[parafjálə]
racine (f)	rrënjë (f)	[réɲə]
terminaison (f)	fundore (f)	[fundórɛ]
préfixe (m)	parashtesë (f)	[paraʃtésə]
syllabe (f)	rrokje (f)	[rókjɛ]
suffixe (m)	prapashtesë (f)	[prapaʃtésə]
accent (m) tonique	theks (m)	[θɛks]
apostrophe (f)	apostrof (m)	[apostróf]
point (m)	pikë (f)	[píkə]
virgule (f)	presje (f)	[présjɛ]
point (m) virgule	pikëpresje (f)	[pikəprésjɛ]
deux-points (m)	dy pika (f)	[dy píka]
points (m pl) de suspension	tre pika (f)	[trɛ píka]
point (m) d'interrogation	pikëpyetje (f)	[pikəpýɛtjɛ]
point (m) d'exclamation	pikëçuditje (f)	[pikətʃudítjɛ]

guillemets (m pl)	thonjëza (f)	[θóɲəza]
entre guillemets	në thonjëza	[nə θóɲəza]
parenthèses (f pl)	kllapa (f)	[kɫápa]
entre parenthèses	brenda kllapave	[brénda kɫápavɛ]

trait (m) d'union	vizë ndarëse (f)	[vízə ndárəsɛ]
tiret (m)	vizë (f)	[vízə]
blanc (m)	hapësirë (f)	[hapəsírə]

lettre (f)	shkronjë (f)	[ʃkróɲə]
majuscule (f)	shkronjë e madhe (f)	[ʃkróɲə ɛ máðɛ]

voyelle (f)	zanore (f)	[zanórɛ]
consonne (f)	bashkëtingëllore (f)	[baʃkətiŋəɫórɛ]

proposition (f)	fjali (f)	[fjalí]
sujet (m)	kryefjalë (f)	[kryɛfjálə]
prédicat (m)	kallëzues (m)	[kaɫəzúɛs]

ligne (f)	rresht (m)	[réʃt]
à la ligne	rresht i ri	[réʃt i rí]
paragraphe (m)	paragraf (m)	[paragráf]

mot (m)	fjalë (f)	[fjálə]
groupe (m) de mots	grup fjalësh (m)	[grup fjáləʃ]
expression (f)	shprehje (f)	[ʃpréhjɛ]
synonyme (m)	sinonim (m)	[sinoním]
antonyme (m)	antonim (m)	[antoním]

règle (f)	rregull (m)	[réguɫ]
exception (f)	përjashtim (m)	[pərjaʃtím]
correct (adj)	saktë	[sáktə]

conjugaison (f)	lakim (m)	[lakím]
déclinaison (f)	rasë	[rásə]
cas (m)	rasë emërore (f)	[rásə ɛmərórɛ]
question (f)	pyetje (f)	[pýɛtjɛ]
souligner (vt)	nënvijëzoj	[nənvijəzój]
pointillé (m)	vijë me ndërprerje (f)	[víjə mɛ ndərprérjɛ]

121. Les langues étrangères

langue (f)	gjuhë (f)	[ɟúhə]
étranger (adj)	huaj	[húaj]
langue (f) étrangère	gjuhë e huaj (f)	[ɟúhə ɛ húaj]
étudier (vt)	studioj	[studiój]
apprendre (~ l'arabe)	mësoj	[məsój]

lire (vi, vt)	lexoj	[lɛdzój]
parler (vi, vt)	flas	[flas]
comprendre (vt)	kuptoj	[kuptój]
écrire (vt)	shkruaj	[ʃkrúaj]
vite (adv)	shpejt	[ʃpɛjt]
lentement (adv)	ngadalë	[ŋadálə]

couramment (adv)	rrjedhshëm	[rjéðʃəm]
règles (f pl)	rregullat (pl)	[réguɫat]
grammaire (f)	gramatikë (f)	[gramatíkə]
vocabulaire (m)	fjalor (m)	[fjalór]
phonétique (f)	fonetikë (f)	[fonɛtíkə]
manuel (m)	tekst mësimor (m)	[tɛkst məsimór]
dictionnaire (m)	fjalor (m)	[fjalór]
manuel (m) autodidacte	libër i mësimit autodidakt (m)	[líbər i məsímit autodidákt]
guide (m) de conversation	libër frazeologjik (m)	[líbər frazɛoloɟík]
cassette (f)	kasetë (f)	[kasétə]
cassette (f) vidéo	videokasetë (f)	[vidɛokasétə]
CD (m)	CD (f)	[tsɛdé]
DVD (m)	DVD (m)	[dividí]
alphabet (m)	alfabet (m)	[alfabét]
épeler (vt)	gërmëzoj	[gərməzój]
prononciation (f)	shqiptim (m)	[ʃciptím]
accent (m)	aksent (m)	[aksént]
avec un accent	me aksent	[mɛ aksént]
sans accent	pa aksent	[pa aksént]
mot (m)	fjalë (f)	[fjálə]
sens (m)	kuptim (m)	[kuptím]
cours (m pl)	kurs (m)	[kurs]
s'inscrire (vp)	regjistrohem	[rɛɟistróhɛm]
professeur (m) (~ d'anglais)	mësues (m)	[məsúɛs]
traduction (f) (action)	përkthim (m)	[pərkθím]
traduction (f) (texte)	përkthim (m)	[pərkθím]
traducteur (m)	përkthyes (m)	[pərkθýɛs]
interprète (m)	përkthyes (m)	[pərkθýɛs]
polyglotte (m)	poliglot (m)	[poliglót]
mémoire (f)	kujtesë (f)	[kujtésə]

122. Les personnages de contes de fées

Père Noël (m)	Santa Klaus (m)	[sánta kláus]
Cendrillon (f)	Hirushja (f)	[hirúʃja]
sirène (f)	sirenë (f)	[sirénə]
Neptune (m)	Neptuni (m)	[nɛptúni]
magicien (m)	magjistar (m)	[maɟistár]
fée (f)	zanë (f)	[zánə]
magique (adj)	magjike	[maɟíkɛ]
baguette (f) magique	shkop magjik (m)	[ʃkop maɟík]
conte (m) de fées	përrallë (f)	[pəráɫə]
miracle (m)	mrekulli (f)	[mrɛkuɫí]

gnome (m)	xhuxh (m)	[dʒudʒ]
se transformer en …	shndërrohem …	[ʃndəróhɛm …]

esprit (m) (revenant)	fantazmë (f)	[fantázmə]
fantôme (m)	fantazmë (f)	[fantázmə]
monstre (m)	bishë (f)	[bíʃə]
dragon (m)	dragua (m)	[dragúa]
géant (m)	gjigant (m)	[ɟigánt]

123. Les signes du zodiaque

Bélier (m)	Dashi (m)	[dáʃi]
Taureau (m)	Demi (m)	[démi]
Gémeaux (m pl)	Binjakët (pl)	[biɲákət]
Cancer (m)	Gaforrja (f)	[gafórja]
Lion (m)	Luani (m)	[luáni]
Vierge (f)	Virgjëresha (f)	[virɟəréʃa]

Balance (f)	Peshorja (f)	[pɛʃórja]
Scorpion (m)	Akrepi (m)	[akrépi]
Sagittaire (m)	Shigjetari (m)	[ʃiɟɛtári]
Capricorne (m)	Bricjapi (m)	[britsjápi]
Verseau (m)	Ujori (m)	[ujóri]
Poissons (m pl)	Peshqit (pl)	[péʃcit]

caractère (m)	karakter (m)	[karaktér]
traits (m pl) du caractère	tipare të karakterit (pl)	[tipárɛ tə karaktérit]
conduite (f)	sjellje (f)	[sjéłjɛ]
dire la bonne aventure	parashikoj fatin	[paraʃikój fátin]
diseuse (f) de bonne aventure	lexuese e fatit (f)	[lɛdzúɛsɛ ɛ fátit]
horoscope (m)	horoskop (m)	[horoskóp]

L'art

124. Le théâtre

théâtre (m)	teatër (m)	[tɛátər]
opéra (m)	operë (f)	[opérə]
opérette (f)	operetë (f)	[opɛrétə]
ballet (m)	balet (m)	[balét]

affiche (f)	afishe teatri (f)	[afíʃɛ tɛátri]
troupe (f) de théâtre	trupë teatrale (f)	[trúpə tɛatrálɛ]
tournée (f)	turne (f)	[turné]
être en tournée	jam në turne	[jam nə turné]
répéter (vt)	bëj prova	[bəj próva]
répétition (f)	provë (f)	[próvə]
répertoire (m)	repertor (m)	[rɛpɛrtór]

représentation (f)	shfaqje (f)	[ʃfácjɛ]
spectacle (m)	shfaqje teatrale (f)	[ʃfácjɛ tɛatrálɛ]
pièce (f) de théâtre	dramë (f)	[drámə]

billet (m)	biletë (f)	[bilétə]
billetterie (f pl)	zyrë e shitjeve të biletave (f)	[zýrə ɛ ʃítjɛvɛ tə bilétavɛ]
hall (m)	holl (m)	[hoɫ]
vestiaire (m)	dhoma e xhaketave (f)	[ðóma ɛ dʒakétavɛ]
jeton (m) de vestiaire	numri i xhaketës (m)	[númri i dʒakétəs]
jumelles (f pl)	dylbi (f)	[dylbí]
placeur (m)	portier (m)	[portiér]

parterre (m)	plato (f)	[plató]
balcon (m)	ballkon (m)	[baɫkón]
premier (m) balcon	galeria e parë (f)	[galɛría ɛ párə]
loge (f)	lozhë (f)	[lóʒə]
rang (m)	rresht (m)	[réʃt]
place (f)	karrige (f)	[karígɛ]

public (m)	publiku (m)	[publíku]
spectateur (m)	spektator (m)	[spɛktatór]
applaudir (vi)	duartrokas	[duartrokás]
applaudissements (m pl)	duartrokitje (f)	[duartrokítjɛ]
ovation (f)	brohoritje (f)	[brohorítjɛ]

scène (f) (monter sur ~)	skenë (f)	[skénə]
rideau (m)	perde (f)	[pérdɛ]
décor (m)	skenografi (f)	[skɛnografí]
coulisses (f pl)	prapaskenë (f)	[prapaskénə]

scène (f) (la dernière ~)	skenë (f)	[skénə]
acte (m)	akt (m)	[ákt]
entracte (m)	pushim (m)	[puʃím]

125. Le cinéma

acteur (m)	aktor (m)	[aktór]
actrice (f)	aktore (f)	[aktórɛ]
cinéma (m) (industrie)	kinema (f)	[kinɛmá]
film (m)	film (m)	[film]
épisode (m)	episod (m)	[ɛpisód]
film (m) policier	triller (m)	[triɬér]
film (m) d'action	aksion (m)	[aksión]
film (m) d'aventures	aventurë (f)	[avɛntúrə]
film (m) de science-fiction	fanta-shkencë (f)	[fánta-ʃkéntsə]
film (m) d'horreur	film horror (m)	[fílm horór]
comédie (f)	komedi (f)	[komɛdí]
mélodrame (m)	melodramë (f)	[mɛlodrámə]
drame (m)	dramë (f)	[drámə]
film (m) de fiction	film fiktiv (m)	[fílm fiktív]
documentaire (m)	dokumentar (m)	[dokumɛntár]
dessin (m) animé	film vizatimor (m)	[fílm vizatimór]
cinéma (m) muet	filma pa zë (m)	[fílma pa zə]
rôle (m)	rol (m)	[rol]
rôle (m) principal	rol kryesor (m)	[rol kryɛsór]
jouer (vt)	luaj	[lúaj]
vedette (f)	yll kinemaje (m)	[yɬ kinɛmájɛ]
connu (adj)	i njohur	[i ɲóhur]
célèbre (adj)	i famshëm	[i fámʃəm]
populaire (adj)	popullor	[popuɬór]
scénario (m)	skenar (m)	[skɛnár]
scénariste (m)	skenarist (m)	[skɛnaríst]
metteur (m) en scène	regjisor (m)	[rɛɟisór]
producteur (m)	producent (m)	[produtsént]
assistant (m)	ndihmës (m)	[ndíhməs]
opérateur (m)	kameraman (m)	[kamɛramán]
cascadeur (m)	dubla (f)	[dúbla]
doublure (f)	dubla (f)	[dúbla]
tourner un film	xhiroj film	[dʒirój film]
audition (f)	provë (f)	[próvə]
tournage (m)	xhirim (m)	[dʒirím]
équipe (f) de tournage	ekip kinematografik (m)	[ɛkíp kinɛmatografík]
plateau (m) de tournage	set kinematografik (m)	[sɛt kinɛmatografík]
caméra (f)	kamerë (f)	[kamérə]
cinéma (m)	kinema (f)	[kinɛmá]
écran (m)	ekran (m)	[ɛkrán]
donner un film	shfaq film	[ʃfac film]
piste (f) sonore	muzikë e filmit (f)	[muzíkə ɛ filmit]
effets (m pl) spéciaux	efekte speciale (pl)	[ɛféktɛ spɛtsiálɛ]

sous-titres (m pl)	titra (pl)	[títra]
générique (m)	lista e pjesëmarrësve (f)	[lísta ɛ pjɛsəmárəsvɛ]
traduction (f)	përkthim (m)	[pərkθím]

126. La peinture

art (m)	art (m)	[art]
beaux-arts (m pl)	artet e bukura (pl)	[ártɛt ɛ búkura]
galerie (f) d'art	galeri arti (f)	[galɛrí árti]
exposition (f) d'art	ekspozitë (f)	[ɛkspozítə]

peinture (f)	pikturë (f)	[piktúrə]
graphique (f)	art grafik (m)	[árt grafík]
art (m) abstrait	art abstrakt (m)	[árt abstrákt]
impressionnisme (m)	impresionizëm (m)	[imprɛsionízəm]

tableau (m)	pikturë (f)	[piktúrə]
dessin (m)	vizatim (m)	[vizatím]
poster (m)	poster (m)	[postér]

illustration (f)	ilustrim (m)	[ilustrím]
miniature (f)	miniaturë (f)	[miniatúrə]
copie (f)	kopje (f)	[kópjɛ]
reproduction (f)	riprodhim (m)	[riproðím]

mosaïque (f)	mozaik (m)	[mozaík]
vitrail (m)	pikturë në dritare (f)	[piktúrə nə dritárɛ]
fresque (f)	afresk (m)	[afrésk]
gravure (f)	gravurë (f)	[gravúrə]

buste (m)	bust (m)	[búst]
sculpture (f)	skulpturë (f)	[skulptúrə]
statue (f)	statujë (f)	[statújə]
plâtre (m)	allçi (f)	[ałtʃí]
en plâtre	me allçi	[mɛ ałtʃí]

portrait (m)	portret (m)	[portrét]
autoportrait (m)	autoportret (m)	[autoportrét]
paysage (m)	peizazh (m)	[pɛizáʒ]
nature (f) morte	natyrë e qetë (f)	[natýrə ɛ cétə]
caricature (f)	karikaturë (f)	[karikatúrə]
croquis (m)	skicë (f)	[skítsə]

peinture (f)	bojë (f)	[bójə]
aquarelle (f)	bojë uji (f)	[bójə úji]
huile (f)	bojë vaji (f)	[bójə váji]
crayon (m)	laps (m)	[láps]
encre (f) de Chine	bojë stilografi (f)	[bójə stilográfi]
fusain (m)	karbon (m)	[karbón]

dessiner (vi, vt)	vizatoj	[vizatój]
peindre (vi, vt)	pikturoj	[pikturój]
poser (vi)	pozoj	[pozój]
modèle (m)	model (m)	[modél]

modèle (f)	modele (f)	[modélɛ]
peintre (m)	piktor (m)	[piktór]
œuvre (f) d'art	vepër arti (f)	[vépər árti]
chef (m) d'œuvre	kryevepër (f)	[kryɛvépər]
atelier (m) d'artiste	studio (f)	[stúdio]

toile (f)	kanavacë (f)	[kanavátsə]
chevalet (m)	këmbalec (m)	[kəmbaléts]
palette (f)	paletë (f)	[palétə]

encadrement (m)	kornizë (f)	[kornízə]
restauration (f)	restaurim (m)	[rɛstaurím]
restaurer (vt)	restauroj	[rɛstaurój]

127. La littérature et la poésie

littérature (f)	letërsi (f)	[lɛtərsí]
auteur (m) (écrivain)	autor (m)	[autór]
pseudonyme (m)	pseudonim (m)	[psɛudoním]

livre (m)	libër (m)	[líbər]
volume (m)	vëllim (m)	[vətím]
table (f) des matières	tabela e përmbajtjes (f)	[tabéla ɛ pərmbájtjɛs]
page (f)	faqe (f)	[fácɛ]
protagoniste (m)	personazhi kryesor (m)	[pɛrsonáʒi kryɛsór]
autographe (m)	autograf (m)	[autográf]

récit (m)	tregim i shkurtër (m)	[trɛgím i ʃkúrtər]
nouvelle (f)	novelë (f)	[novélə]
roman (m)	roman (m)	[román]
œuvre (f) littéraire	vepër (m)	[vépər]
fable (f)	fabula (f)	[fábula]
roman (m) policier	roman policesk (m)	[román politsésk]

vers (m)	vjershë (f)	[vjérʃə]
poésie (f)	poezi (f)	[poɛzí]
poème (m)	poemë (f)	[poémə]
poète (m)	poet (m)	[poét]

belles-lettres (f pl)	trillim (m)	[tritím]
science-fiction (f)	fanta-shkencë (f)	[fánta-ʃkéntsə]
aventures (f pl)	aventurë (f)	[avɛntúrə]
littérature (f) didactique	letërsi edukative (f)	[lɛtərsí ɛdukatívɛ]
littérature (f) pour enfants	letërsi për fëmijë (f)	[lɛtərsí pər fəmíjə]

128. Le cirque

cirque (m)	cirk (m)	[tsírk]
chapiteau (m)	cirk udhëtues (m)	[tsírk uðətúɛs]
programme (m)	program (m)	[prográm]
représentation (f)	shfaqje (f)	[ʃfácjɛ]
numéro (m)	akt (m)	[ákt]

arène (f)	arenë cirku (f)	[arénə tsírku]
pantomime (f)	pantomimë (f)	[pantomímə]
clown (m)	kloun (m)	[kloún]

acrobate (m)	akrobat (m)	[akrobát]
acrobatie (f)	akrobaci (f)	[akrobatsí]
gymnaste (m)	gjimnast (m)	[ɟimnást]
gymnastique (f)	gjimnastikë (f)	[ɟimnastíkə]
salto (m)	salto (f)	[sálto]

hercule (m)	atlet (m)	[atlét]
dompteur (m)	zbutës (m)	[zbútəs]
écuyer (m)	kalorës (m)	[kalórəs]
assistant (m)	ndihmës (m)	[ndíhməs]

truc (m)	akrobaci (f)	[akrobatsí]
tour (m) de passe-passe	truk magjik (m)	[truk maɟík]
magicien (m)	magjistar (m)	[maɟistár]

jongleur (m)	zhongler (m)	[ʒoŋlér]
jongler (vi)	luaj	[lúaj]
dresseur (m)	zbutës kafshësh (m)	[zbútəs káʃʃəʃ]
dressage (m)	zbutje kafshësh (f)	[zbútjɛ káʃʃəʃ]
dresser (vt)	stërvit	[stərvít]

129. La musique

musique (f)	muzikë (f)	[muzíkə]
musicien (m)	muzikant (m)	[muzikánt]
instrument (m) de musique	instrument muzikor (m)	[instrumént muzikór]
jouer de …	i bie …	[i bíɛ …]

guitare (f)	kitarë (f)	[kitárə]
violon (m)	violinë (f)	[violínə]
violoncelle (m)	violonçel (m)	[violontʃél]
contrebasse (f)	kontrabas (m)	[kontrabás]
harpe (f)	lira (f)	[líra]

piano (m)	piano (f)	[piáno]
piano (m) à queue	pianoforte (f)	[pianofórtɛ]
orgue (m)	organo (f)	[orgáno]

instruments (m pl) à vent	instrumente frymore (pl)	[instruméntɛ frymórɛ]
hautbois (m)	oboe (f)	[obóɛ]
saxophone (m)	saksofon (m)	[saksofón]
clarinette (f)	klarinetë (f)	[klarinétə]
flûte (f)	flaut (m)	[flaút]
trompette (f)	trombë (f)	[trómbə]

| accordéon (m) | fizarmonikë (f) | [fizarmoníkə] |
| tambour (m) | daulle (f) | [daúɫɛ] |

| duo (m) | duet (m) | [duét] |
| trio (m) | trio (f) | [trío] |

quartette (m)	**kuartet** (m)	[kuartét]
chœur (m)	**kor** (m)	[kor]
orchestre (m)	**orkestër** (f)	[orkéstər]
musique (f) pop	**muzikë pop** (f)	[muzíkə pop]
musique (f) rock	**muzikë rok** (m)	[muzíkə rok]
groupe (m) de rock	**grup rok** (m)	[grup rók]
jazz (m)	**xhaz** (m)	[dʒaz]
idole (f)	**idhull** (m)	[íðuɫ]
admirateur (m)	**admirues** (m)	[admirúɛs]
concert (m)	**koncert** (m)	[kontsért]
symphonie (f)	**simfoni** (f)	[simfoní]
œuvre (f) musicale	**kompozicion** (m)	[kompozitsión]
composer (vt)	**kompozoj**	[kompozój]
chant (m) (~ d'oiseau)	**këndim** (m)	[kəndím]
chanson (f)	**këngë** (f)	[kə́ŋə]
mélodie (f)	**melodi** (f)	[mɛlodí]
rythme (m)	**ritëm** (m)	[rítəm]
blues (m)	**bluz** (m)	[blúz]
notes (f pl)	**partiturë** (f)	[partitúrə]
baguette (f)	**shkopi i dirigjimit** (m)	[ʃkopi i diriɟímit]
archet (m)	**hark** (m)	[ħárk]
corde (f)	**tel** (m)	[tɛl]
étui (m)	**kuti** (f)	[kutí]

Les loisirs. Les voyages

130. Les voyages. Les excursions

tourisme (m)	turizëm (m)	[turízəm]
touriste (m)	turist (m)	[turíst]
voyage (m) (à l'étranger)	udhëtim (m)	[uðətím]
aventure (f)	aventurë (f)	[avɛntúrə]
voyage (m)	udhëtim (m)	[uðətím]
vacances (f pl)	pushim (m)	[puʃím]
être en vacances	jam me pushime	[jam mɛ puʃímɛ]
repos (m) (jours de ~)	pushim (m)	[puʃím]
train (m)	tren (m)	[trɛn]
en train	me tren	[mɛ trén]
avion (m)	avion (m)	[avión]
en avion	me avion	[mɛ avión]
en voiture	me makinë	[mɛ makínə]
en bateau	me anije	[mɛ aníjɛ]
bagage (m)	bagazh (m)	[bagáʒ]
malle (f)	valixhe (f)	[valídʒɛ]
chariot (m)	karrocë bagazhesh (f)	[karótsə bagáʒɛʃ]
passeport (m)	pasaportë (f)	[pasapórtə]
visa (m)	vizë (f)	[vízə]
ticket (m)	biletë (f)	[bilétə]
billet (m) d'avion	biletë avioni (f)	[bilétə avióni]
guide (m) (livre)	guidë turistike (f)	[guídə turistíkɛ]
carte (f)	hartë (f)	[hártə]
région (f) (~ rurale)	zonë (f)	[zónə]
endroit (m)	vend (m)	[vɛnd]
exotisme (m)	ekzotikë (f)	[ɛkzotíkə]
exotique (adj)	ekzotik	[ɛkzotík]
étonnant (adj)	mahnitëse	[mahnítəsɛ]
groupe (m)	grup (m)	[grup]
excursion (f)	ekskursion (m)	[ɛkskursión]
guide (m) (personne)	udhërrëfyes (m)	[uðərəfýɛs]

131. L'hôtel

hôtel (m), auberge (f)	hotel (m)	[hotél]
motel (m)	motel (m)	[motél]
3 étoiles	me tre yje	[mɛ trɛ ýjɛ]

| 5 étoiles | me pesë yje | [mɛ pésə ýjɛ] |
| descendre (à l'hôtel) | qëndroj | [cəndrój] |

chambre (f)	dhomë (f)	[ðómə]
chambre (f) simple	dhomë teke (f)	[ðómə tékɛ]
chambre (f) double	dhomë dyshe (f)	[ðómə dýʃɛ]
réserver une chambre	rezervoj një dhomë	[rɛzɛrvój ɲə ðómə]

| demi-pension (f) | gjysmë-pension (m) | [ɟýsmə-pɛnsión] |
| pension (f) complète | pension i plotë (m) | [pɛnsión i plótə] |

avec une salle de bain	me banjo	[mɛ báɲo]
avec une douche	me dush	[mɛ dúʃ]
télévision (f) par satellite	televizor satelitor (m)	[tɛlɛvizór satɛlitór]
climatiseur (m)	kondicioner (m)	[konditsionér]
serviette (f)	peshqir (m)	[pɛʃcír]
clé (f)	çelës (m)	[tʃéləs]

administrateur (m)	administrator (m)	[administratór]
femme (f) de chambre	pastruese (f)	[pastrúɛsɛ]
porteur (m)	portier (m)	[portiér]
portier (m)	portier (m)	[portiér]

restaurant (m)	restorant (m)	[rɛstoránt]
bar (m)	pab (m), pijetore (f)	[pab], [pijɛtórɛ]
petit déjeuner (m)	mëngjes (m)	[mənɟés]
dîner (m)	darkë (f)	[dárkə]
buffet (m)	bufe (f)	[bufé]

| hall (m) | holl (m) | [hoɫ] |
| ascenseur (m) | ashensor (m) | [aʃɛnsór] |

| PRIÈRE DE NE PAS DÉRANGER | MOS SHQETËSONI | [mos ʃcɛtəsóni] |
| DÉFENSE DE FUMER | NDALOHET DUHANI | [ndalóhɛt duháni] |

132. Le livre. La lecture

livre (m)	libër (m)	[líbər]
auteur (m)	autor (m)	[autór]
écrivain (m)	shkrimtar (m)	[ʃkrimtár]
écrire (~ un livre)	shkruaj	[ʃkrúaj]

lecteur (m)	lexues (m)	[lɛdzúɛs]
lire (vi, vt)	lexoj	[lɛdzój]
lecture (f)	lexim (m)	[lɛdzím]

| à part soi | pa zë | [pa zə] |
| à haute voix | me zë | [mɛ zə] |

éditer (vt)	botoj	[botój]
édition (f) (~ des livres)	botim (m)	[botím]
éditeur (m)	botues (m)	[botúɛs]
maison (f) d'édition	shtëpi botuese (f)	[ʃtəpí botúɛsɛ]

paraître (livre)	botohet	[botóhɛt]
sortie (f) (~ d'un livre)	botim (m)	[botím]
tirage (m)	edicion (m)	[ɛditsión]

| librairie (f) | librari (f) | [librarí] |
| bibliothèque (f) | bibliotekë (f) | [bibliotékə] |

nouvelle (f)	novelë (f)	[novélə]
récit (m)	tregim i shkurtër (m)	[trɛgím i ʃkúrtər]
roman (m)	roman (m)	[román]
roman (m) policier	roman policesk (m)	[román politsésk]

mémoires (m pl)	kujtime (pl)	[kujtímɛ]
légende (f)	legjendë (f)	[lɛɟéndə]
mythe (m)	mit (m)	[mit]

vers (m pl)	poezi (f)	[poɛzí]
autobiographie (f)	autobiografi (f)	[autobiografí]
les œuvres choisies	vepra të zgjedhura (f)	[vépra tə zɟéðura]
science-fiction (f)	fanta-shkencë (f)	[fánta-ʃkéntsə]

titre (m)	titull (m)	[títuɫ]
introduction (f)	hyrje (f)	[hýrjɛ]
page (f) de titre	faqe e titullit (f)	[fácɛ ɛ títuɫit]

chapitre (m)	kreu (m)	[kréu]
extrait (m)	ekstrakt (m)	[ɛkstrákt]
épisode (m)	episod (m)	[ɛpisód]

sujet (m)	fabul (f)	[fábul]
sommaire (m)	përmbajtje (f)	[pərmbájtjɛ]
table (f) des matières	tabela e përmbajtjes (f)	[tabéla ɛ pərmbájtjɛs]
protagoniste (m)	personazhi kryesor (m)	[pɛrsonáʒi kryɛsór]

volume (m)	vëllim (m)	[vəɫím]
couverture (f)	kopertinë (f)	[kopɛrtínə]
reliure (f)	libërlidhje (f)	[libərlíðjɛ]
marque-page (m)	shënjim (m)	[ʃəním]

page (f)	faqe (f)	[fácɛ]
feuilleter (vt)	kaloj faqet	[kalój fácɛt]
marges (f pl)	margjinat (pl)	[marɟínat]
annotation (f)	shënim (m)	[ʃəním]
note (f) de bas de page	fusnotë (f)	[fusnótə]

texte (m)	tekst (m)	[tɛkst]
police (f)	lloji i shkrimit (m)	[ɫóji i ʃkrímit]
faute (f) d'impression	gabim ortografik (m)	[gabím ortografík]

traduction (f)	përkthim (m)	[pərkθím]
traduire (vt)	përkthej	[pərkθéj]
original (m)	origjinal (m)	[oriɟinál]

célèbre (adj)	i famshëm	[i fámʃəm]
inconnu (adj)	i panjohur	[i paɲóhur]
intéressant (adj)	interesant	[intɛrɛsánt]

best-seller (m)	libër më i shitur (m)	[líbər mə i ʃítur]
dictionnaire (m)	fjalor (m)	[fjalór]
manuel (m)	tekst mësimor (m)	[tɛkst məsimór]
encyclopédie (f)	enciklopedi (f)	[ɛntsiklopɛdí]

133. La chasse. La pêche

chasse (f)	gjueti (f)	[ɟuɛtí]
chasser (vi, vt)	dal për gjah	[dál pər ɟáh]
chasseur (m)	gjahtar (m)	[ɟahtár]

tirer (vi)	qëlloj	[cəɫój]
fusil (m)	pushkë (f)	[púʃkə]
cartouche (f)	fishek (m)	[fiʃék]
grains (m pl) de plomb	plumb (m)	[plúmb]

piège (m) à mâchoires	grackë (f)	[grátskə]
piège (m)	kurth (m)	[kurθ]
être pris dans un piège	bie në grackë	[bíɛ nə grátskə]
mettre un piège	ngre grackë	[ŋré grátskə]

braconnier (m)	gjahtar i jashtëligjshëm (m)	[ɟahtár i jaʃtəlíɟʃəm]
gibier (m)	gjah (m)	[ɟáh]
chien (m) de chasse	zagar (m)	[zagár]
safari (m)	safari (m)	[safári]
animal (m) empaillé	kafshë e balsamosur (f)	[káfʃə ɛ balsamósur]

pêcheur (m)	peshkatar (m)	[pɛʃkatár]
pêche (f)	peshkim (m)	[pɛʃkím]
pêcher (vi)	peshkoj	[pɛʃkój]

canne (f) à pêche	kallam peshkimi (m)	[kaɫám pɛʃkími]
ligne (f) de pêche	tojë peshkimi (f)	[tójə pɛʃkími]
hameçon (m)	grep (m)	[grép]
flotteur (m)	tapë (f)	[tápə]
amorce (f)	karrem (m)	[karém]

| lancer la ligne | hedh grepin | [hɛð grépin] |
| mordre (vt) | bie në grep | [bíɛ nə grép] |

| pêche (f) (poisson capturé) | kapje peshku (f) | [kápjɛ péʃku] |
| trou (m) dans la glace | vrimë në akull (f) | [vrímə nə ákuɫ] |

| filet (m) | rrjetë peshkimi (f) | [rjétə pɛʃkími] |
| barque (f) | varkë (f) | [várkə] |

pêcher au filet	peshkoj me rrjeta	[pɛʃkój mɛ rjéta]
jeter un filet	hedh rrjetat	[hɛð rjétat]
retirer le filet	tërheq rrjetat	[tərhéc rjétat]
tomber dans le filet	bie në rrjetë	[bíɛ nə rjétə]

baleinier (m)	gjuetar balenash (m)	[ɟuɛtár balénaʃ]
baleinière (f)	balenagjuajtëse (f)	[balɛnaɟúajtəsɛ]
harpon (m)	fuzhnjë (f)	[fúʒɲə]

134. Les jeux. Le billard

billard (m)	bilardo (f)	[bilárdo]
salle (f) de billard	sallë bilardosh (f)	[sátə bilárdoʃ]
bille (f) de billard	bile (f)	[bílɛ]
empocher une bille	fus në vrimë	[fús nə vrímə]
queue (f)	stekë (f)	[stékə]
poche (f)	xhep (m), vrimë (f)	[dʒɛp], [vrímə]

135. Les jeux de cartes

carreau (m)	karo (f)	[káro]
pique (m)	maç (m)	[matʃ]
cœur (m)	kupë (f)	[kúpə]
trèfle (m)	spathi (m)	[spáθi]
as (m)	as (m)	[ás]
roi (m)	mbret (m)	[mbrét]
dame (f)	mbretëreshë (f)	[mbrɛtəréʃə]
valet (m)	fant (m)	[fant]
carte (f)	letër (f)	[létər]
jeu (m) de cartes	letrat (pl)	[létrat]
atout (m)	letër e fortë (f)	[létər ɛ fórtə]
paquet (m) de cartes	set letrash (m)	[sɛt létraʃ]
point (m)	pikë (f)	[píkə]
distribuer (les cartes)	ndaj	[ndáj]
battre les cartes	përziej	[pərzíɛj]
tour (m) de jouer	radha (f)	[ráða]
tricheur (m)	mashtrues (m)	[maʃtrúɛs]

136. Les loisirs. Les jeux

se promener (vp)	shëtitem	[ʃətítɛm]
promenade (f)	shëtitje (f)	[ʃətítjɛ]
promenade (f) (en voiture)	xhiro me makinë (f)	[dʒíro mɛ makínə]
aventure (f)	aventurë (f)	[avɛntúrə]
pique-nique (m)	piknik (m)	[pikník]
jeu (m)	lojë (f)	[lójə]
joueur (m)	lojtar (m)	[lojtár]
partie (f) (~ de cartes, etc.)	një lojë (f)	[ɲə lójə]
collectionneur (m)	koleksionist (m)	[kolɛksioníst]
collectionner (vt)	koleksionoj	[kolɛksionój]
collection (f)	koleksion (m)	[kolɛksión]
mots (m pl) croisés	fjalëkryq (m)	[fjaləkrýc]
hippodrome (m)	hipodrom (m)	[hipodróm]

discothèque (f)	disko (f)	[dísko]
sauna (m)	sauna (f)	[saúna]
loterie (f)	lotari (f)	[lotarí]

trekking (m)	kamping (m)	[kampíŋ]
camp (m)	kamp (m)	[kamp]
tente (f)	çadër kampingu (f)	[tʃádər kampíŋu]
boussole (f)	kompas (m)	[kompás]
campeur (m)	kampinist (m)	[kampiníst]

regarder (la télé)	shikoj	[ʃikój]
téléspectateur (m)	teleshikues (m)	[tɛlɛʃikúɛs]
émission (f) de télé	program televiziv (m)	[prográm tɛlɛvizív]

137. La photographie

| appareil (m) photo | aparat fotografik (m) | [aparát fotografík] |
| photo (f) | foto (f) | [fóto] |

photographe (m)	fotograf (m)	[fotográf]
studio (m) de photo	studio fotografike (f)	[stúdio fotografíkɛ]
album (m) de photos	album fotografik (m)	[albúm fotografík]

objectif (m)	objektiv (m)	[objɛktív]
téléobjectif (m)	teleobjektiv (m)	[tɛlɛobjɛktív]
filtre (m)	filtër (m)	[fíltər]
lentille (f)	lente (f)	[léntɛ]

optique (f)	optikë (f)	[optíkə]
diaphragme (m)	diafragma (f)	[diafrágma]
temps (m) de pose	koha e ekspozimit (f)	[kóha ɛ ɛkspozímit]
viseur (m)	tregues i kuadrit (m)	[trɛgúɛs i kuádrit]

appareil (m) photo numérique	kamerë digjitale (f)	[kamérə diɟitálɛ]
trépied (m)	tripod (m)	[tripód]
flash (m)	blic (m)	[blits]

photographier (vt)	fotografoj	[fotografój]
prendre en photo	bëj foto	[bəj fóto]
se faire prendre en photo	bëj fotografi	[bəj fotografí]

mise (f) au point	fokus (m)	[fokús]
mettre au point	fokusoj	[fokusój]
net (adj)	i qartë	[i cártə]
netteté (f)	qartësi (f)	[cartəsí]

| contraste (m) | kontrast (m) | [kontrást] |
| contrasté (adj) | me kontrast | [mɛ kontrást] |

épreuve (f)	foto (f)	[fóto]
négatif (m)	negativ (m)	[nɛgatív]
pellicule (f)	film negativash (m)	[fílm nɛgatívaʃ]
image (f)	imazh (m)	[imáʒ]
tirer (des photos)	printoj	[printój]

138. La plage. La baignade

plage (f)	plazh (m)	[plaʒ]
sable (m)	rërë (f)	[rə́rə]
désert (plage ~e)	plazh i shkretë	[plaʒ i ʃkrétə]
bronzage (m)	nxirje nga dielli (f)	[ndzírjɛ ŋa díɛti]
se bronzer (vp)	nxihem	[ndzíhɛm]
bronzé (adj)	i nxirë	[i ndzírə]
crème (f) solaire	krem dielli (f)	[krɛm díɛti]
bikini (m)	bikini (m)	[bikíni]
maillot (m) de bain	rrobë banje (f)	[róbə báɲɛ]
slip (m) de bain	mbathje banjo (f)	[mbáθjɛ báɲo]
piscine (f)	pishinë (f)	[piʃínə]
nager (vi)	notoj	[notój]
douche (f)	dush (m)	[duʃ]
se changer (vp)	ndërroj	[ndərój]
serviette (f)	peshqir (m)	[pɛʃcír]
barque (f)	varkë (f)	[várkə]
canot (m) à moteur	skaf (m)	[skaf]
ski (m) nautique	ski ujor (m)	[ski ujór]
pédalo (m)	varkë me pedale (f)	[várkə mɛ pɛdálɛ]
surf (m)	surf (m)	[surf]
surfeur (m)	surfist (m)	[surfíst]
scaphandre (m) autonome	komplet për skuba (f)	[komplét pər skúba]
palmes (f pl)	këmbale noti (pl)	[kəmbálɛ nóti]
masque (m)	maskë (f)	[máskə]
plongeur (m)	zhytës (m)	[ʒýtəs]
plonger (vi)	zhytem	[ʒýtɛm]
sous l'eau (adv)	nën ujë	[nən újə]
parasol (m)	çadër plazhi (f)	[tʃádər pláʒi]
chaise (f) longue	shezlong (m)	[ʃɛzlóŋ]
lunettes (f pl) de soleil	syze dielli (f)	[sýzɛ diéti]
matelas (m) pneumatique	dyshek me ajër (m)	[dyʃék mɛ ájər]
jouer (s'amuser)	loz	[loz]
se baigner (vp)	notoj	[notój]
ballon (m) de plage	top plazhi (m)	[top pláʒi]
gonfler (vt)	fryj	[fryj]
gonflable (adj)	që fryhet	[cə frýhɛt]
vague (f)	dallgë (f)	[dátgə]
bouée (f)	tapë (f)	[tápə]
se noyer (vp)	mbytem	[mbýtɛm]
sauver (vt)	shpëtoj	[ʃpətój]
gilet (m) de sauvetage	jelek shpëtimi (m)	[jɛlék ʃpətími]
observer (vt)	vëzhgoj	[vəʒgój]
maître nageur (m)	rojë bregdetare (m)	[rójə brɛgdɛtárɛ]

LE MATÉRIEL TECHNIQUE. LES TRANSPORTS

Le matériel technique

139. L'informatique

ordinateur (m)	kompjuter (m)	[kompjutér]
PC (m) portable	laptop (m)	[laptóp]
allumer (vt)	ndez	[ndɛz]
éteindre (vt)	fik	[fik]
clavier (m)	tastiera (f)	[tastiéra]
touche (f)	çelës (m)	[tʃéləs]
souris (f)	maus (m)	[máus]
tapis (m) de souris	shtroje e mausit (f)	[ʃtrójɛ ɛ máusit]
bouton (m)	buton (m)	[butón]
curseur (m)	kursor (m)	[kursór]
moniteur (m)	monitor (m)	[monitór]
écran (m)	ekran (m)	[ɛkrán]
disque (m) dur	hard disk (m)	[hárd dísk]
capacité (f) du disque dur	kapaciteti i hard diskut (m)	[kapatsitéti i hárd dískut]
mémoire (f)	memorie (f)	[mɛmóriɛ]
mémoire (f) vive	memorie operative (f)	[mɛmóriɛ opɛratívɛ]
fichier (m)	skedë (f)	[skédə]
dossier (m)	dosje (f)	[dósjɛ]
ouvrir (vt)	hap	[hap]
fermer (vt)	mbyll	[mbyɫ]
sauvegarder (vt)	ruaj	[rúaj]
supprimer (vt)	fshij	[fʃíj]
copier (vt)	kopjoj	[kopjój]
trier (vt)	sistemoj	[sistɛmój]
copier (vt)	transferoj	[transfɛrój]
programme (m)	program (m)	[prográm]
logiciel (m)	softuer (f)	[softuér]
programmeur (m)	programues (m)	[programúɛs]
programmer (vt)	programoj	[programój]
hacker (m)	haker (m)	[hakér]
mot (m) de passe	fjalëkalim (m)	[fjaləkalím]
virus (m)	virus (m)	[virús]
découvrir (détecter)	zbuloj	[zbulój]
bit (m)	bajt (m)	[bájt]

mégabit (m)	megabajt (m)	[mɛgabájt]
données (f pl)	të dhënat (pl)	[tə ðónat]
base (f) de données	databazë (f)	[databázə]

câble (m)	kabllo (f)	[kábɫo]
déconnecter (vt)	shkëpus	[ʃkəpús]
connecter (vt)	lidh	[lið]

140. L'Internet. Le courrier électronique

Internet (m)	internet (m)	[intɛrnét]
navigateur (m)	shfletues (m)	[ʃflɛtúɛs]
moteur (m) de recherche	makineri kërkimi (f)	[makinɛrí kərkími]
fournisseur (m) d'accès	ofrues (m)	[ofrúɛs]

administrateur (m) de site	uebmaster (m)	[uɛbmástɛr]
site (m) web	ueb-faqe (f)	[uéb-fácɛ]
page (f) web	ueb-faqe (f)	[uéb-fácɛ]

| adresse (f) | adresë (f) | [adrésə] |
| carnet (m) d'adresses | libërth adresash (m) | [líbərθ adrésaʃ] |

boîte (f) de réception	kuti postare (f)	[kutí postárɛ]
courrier (m)	postë (f)	[póstə]
pleine (adj)	i mbushur	[i mbúʃur]

message (m)	mesazh (m)	[mɛsáʒ]
messages (pl) entrants	mesazhe të ardhura (pl)	[mɛsáʒɛ tə árðura]
messages (pl) sortants	mesazhe të dërguara (pl)	[mɛsáʒɛ tə dərgúara]

expéditeur (m)	dërguesi (m)	[dərgúɛsi]
envoyer (vt)	dërgoj	[dərgój]
envoi (m)	dërgesë (f)	[dərgésə]

| destinataire (m) | pranues (m) | [pranúɛs] |
| recevoir (vt) | pranoj | [pranój] |

| correspondance (f) | korrespondencë (f) | [korɛspondéntsə] |
| être en correspondance | komunikim | [komunikím] |

fichier (m)	skedë (f)	[skédə]
télécharger (vt)	shkarkoj	[ʃkarkój]
créer (vt)	krijoj	[krijój]
supprimer (vt)	fshij	[fʃíj]
supprimé (adj)	e fshirë	[ɛ fʃírə]

connexion (f) (ADSL, etc.)	lidhje (f)	[líðjɛ]
vitesse (f)	shpejtësi (f)	[ʃpɛjtəsí]
modem (m)	modem (m)	[modém]
accès (m)	hyrje (f)	[hýrjɛ]
port (m)	port (m)	[port]

| connexion (f) (établir la ~) | lidhje (f) | [líðjɛ] |
| se connecter à ... | lidhem me ... | [líðɛm mɛ ...] |

sélectionner (vt)	**përzgjedh**	[pərzɟéð]
rechercher (vt)	**kërkoj ...**	[kərkój ...]

Les transports

141. L'avion

avion (m)	avion (m)	[avión]
billet (m) d'avion	biletë avioni (f)	[bilétə avióni]
compagnie (f) aérienne	kompani ajrore (f)	[kompaní ajróɾɛ]
aéroport (m)	aeroport (m)	[aɛropórt]
supersonique (adj)	supersonik	[supɛrsoník]
commandant (m) de bord	kapiten (m)	[kapitén]
équipage (m)	ekip (m)	[ɛkíp]
pilote (m)	pilot (m)	[pilót]
hôtesse (f) de l'air	stjuardesë (f)	[stjuardésə]
navigateur (m)	naviques (m)	[navigúɛs]
ailes (f pl)	krahë (pl)	[kráhə]
queue (f)	bisht (m)	[biʃt]
cabine (f)	kabinë (f)	[kabínə]
moteur (m)	motor (m)	[motór]
train (m) d'atterrissage	karrel (m)	[karél]
turbine (f)	turbinë (f)	[turbínə]
hélice (f)	helikë (f)	[hɛlíkə]
boîte (f) noire	kuti e zezë (f)	[kutí ɛ zézə]
gouvernail (m)	timon (m)	[timón]
carburant (m)	karburant (m)	[karburánt]
consigne (f) de sécurité	udhëzime sigurie (pl)	[uðəzímɛ siguríɛ]
masque (m) à oxygène	maskë oksigjeni (f)	[máskə oksiɟéni]
uniforme (m)	uniformë (f)	[unifórmə]
gilet (m) de sauvetage	jelek shpëtimi (m)	[jɛlék ʃpətími]
parachute (m)	parashutë (f)	[paraʃútə]
décollage (m)	ngritje (f)	[ŋrítjɛ]
décoller (vi)	fluturon	[fluturón]
piste (f) de décollage	pista e fluturimit (f)	[písta ɛ fluturímit]
visibilité (f)	shikueshmëri (f)	[ʃikuɛʃmərí]
vol (m) (~ d'oiseau)	fluturim (m)	[fluturím]
altitude (f)	lartësi (f)	[lartəsí]
trou (m) d'air	xhep ajri (m)	[dʒɛp ájri]
place (f)	karrige (f)	[karígɛ]
écouteurs (m pl)	kufje (f)	[kúfjɛ]
tablette (f)	tabaka (f)	[tabaká]
hublot (m)	dritare avioni (f)	[dritárɛ avióni]
couloir (m)	korridor (m)	[koridór]

142. Le train

train (m)	tren (m)	[trɛn]
train (m) de banlieue	tren elektrik (m)	[trɛn ɛlɛktrík]
TGV (m)	tren ekspres (m)	[trɛn ɛksprés]
locomotive (f) diesel	lokomótivë me naftë (f)	[lokomótivə mɛ náftə]
locomotive (f) à vapeur	lokomotivë me avull (f)	[lokomótivə mɛ ávuɫ]

wagon (m)	vagon (m)	[vagón]
wagon-restaurant (m)	vagon restorant (m)	[vagón rɛstoránt]

rails (m pl)	shina (pl)	[ʃína]
chemin (m) de fer	hekurudhë (f)	[hɛkurúðə]
traverse (f)	traversë (f)	[travérsə]

quai (m)	platformë (f)	[platfórmə]
voie (f)	binar (m)	[binár]
sémaphore (m)	semafor (m)	[sɛmafór]
station (f)	stacion (m)	[statsión]

conducteur (m) de train	makinist (m)	[makiníst]
porteur (m)	portier (m)	[portiér]
steward (m)	konduktor (m)	[konduktór]
passager (m)	pasagjer (m)	[pasaɟér]
contrôleur (m) de billets	konduktor (m)	[konduktór]

couloir (m)	korridor (m)	[koridór]
frein (m) d'urgence	frena urgjence (f)	[fréna urɟéntsɛ]

compartiment (m)	ndarje (f)	[ndárjɛ]
couchette (f)	kat (m)	[kat]
couchette (f) d'en haut	kati i sipërm (m)	[káti i sípərm]
couchette (f) d'en bas	kati i poshtëm (m)	[káti i póʃtəm]
linge (m) de lit	shtroje shtrati (pl)	[ʃtrójɛ ʃtráti]

ticket (m)	biletë (f)	[bilétə]
horaire (m)	orar (m)	[orár]
tableau (m) d'informations	tabelë e informatave (f)	[tabélə ɛ informátavɛ]

partir (vi)	niset	[nísɛt]
départ (m) (du train)	nisje (f)	[nísjɛ]
arriver (le train)	arrij	[aríj]
arrivée (f)	arritje (f)	[arítjɛ]

arriver en train	arrij me tren	[aríj mɛ trɛn]
prendre le train	hip në tren	[hip nə trén]
descendre du train	zbres nga treni	[zbrɛs ŋa tréni]

accident (m) ferroviaire	aksident hekurudhor (m)	[aksidént hɛkuruðór]
dérailler (vi)	del nga shinat	[dɛl ŋa ʃínat]

locomotive (f) à vapeur	lokomotivë me avull (f)	[lokomótivə mɛ ávuɫ]
chauffeur (m)	mbikëqyrës i zjarrit (m)	[mbikəcýrəs i zjárit]
chauffe (f)	furrë (f)	[fúrə]
charbon (m)	qymyr (m)	[cymýr]

143. Le bateau

bateau (m)	anije (f)	[aníjɛ]
navire (m)	mjet lundrues (m)	[mjét lundrúɛs]
bateau (m) à vapeur	anije me avull (f)	[aníjɛ mɛ ávuɫ]
paquebot (m)	anije lumi (f)	[aníjɛ lúmi]
bateau (m) de croisière	krocierë (f)	[krotsiérə]
croiseur (m)	anije luftarake (f)	[aníjɛ luftarákɛ]
yacht (m)	jaht (m)	[jáht]
remorqueur (m)	anije rimorkiuese (f)	[aníjɛ rimorkiúɛsɛ]
péniche (f)	anije transportuese (f)	[aníjɛ transportúɛsɛ]
ferry (m)	traget (m)	[tragét]
voilier (m)	anije me vela (f)	[aníjɛ mɛ véla]
brigantin (m)	brigantinë (f)	[brigantínə]
brise-glace (m)	akullthyese (f)	[akuɫθýɛsɛ]
sous-marin (m)	nëndetëse (f)	[nəndétəsɛ]
canot (m) à rames	barkë (f)	[bárkə]
dinghy (m)	gomone (f)	[gomónɛ]
canot (m) de sauvetage	varkë shpëtimi (f)	[várkə ʃpətími]
canot (m) à moteur	skaf (m)	[skaf]
capitaine (m)	kapiten (m)	[kapitén]
matelot (m)	marinar (m)	[marinár]
marin (m)	marinar (m)	[marinár]
équipage (m)	ekip (m)	[ɛkíp]
maître (m) d'équipage	kryemarinar (m)	[kryɛmarinár]
mousse (m)	djali i anijes (m)	[djáli i aníjɛs]
cuisinier (m) du bord	kuzhinier (m)	[kuʒiniér]
médecin (m) de bord	doktori i anijes (m)	[doktóri i aníjɛs]
pont (m)	kuverta (f)	[kuvérta]
mât (m)	direk (m)	[dirék]
voile (f)	vela (f)	[véla]
cale (f)	bagazh (m)	[bagáʒ]
proue (f)	harku sipëror (m)	[hárku sipərór]
poupe (f)	pjesa e pasme (f)	[pjésa ɛ pásmɛ]
rame (f)	rrem (m)	[rɛm]
hélice (f)	helikë (f)	[hɛlíkə]
cabine (f)	kabinë (f)	[kabínə]
carré (m) des officiers	zyrë e oficerëve (m)	[zýrə ɛ ofitsérəvɛ]
salle (f) des machines	salla e motorit (m)	[sáɫa ɛ motórit]
passerelle (f)	urë komanduese (f)	[úrə komandúɛsɛ]
cabine (f) de T.S.F.	kabina radiotelegrafike (f)	[kabína radiotɛlɛgrafíkɛ]
onde (f)	valë (f)	[válə]
journal (m) de bord	libri i shënimeve (m)	[líbri i ʃənímɛvɛ]
longue-vue (f)	dylbi (f)	[dylbí]
cloche (f)	këmbanë (f)	[kəmbánə]

pavillon (m)	flamur (m)	[flamúr]
grosse corde (f) tressée	pallamar (m)	[paɫamár]
nœud (m) marin	nyjë (f)	[nýjə]
rampe (f)	parmakë (pl)	[parmákə]
passerelle (f)	shkallë (f)	[ʃkáɫə]
ancre (f)	spirancë (f)	[spirántsə]
lever l'ancre	ngre spirancën	[ŋré spirántsən]
jeter l'ancre	hedh spirancën	[hɛð spirántsən]
chaîne (f) d'ancrage	zinxhir i spirancës (m)	[zindʒír i spirántsəs]
port (m)	port (m)	[port]
embarcadère (m)	skelë (f)	[skélə]
accoster (vi)	ankoroj	[ankorój]
larguer les amarres	niset	[nísɛt]
voyage (m) (à l'étranger)	udhëtim (m)	[uðətím]
croisière (f)	udhëtim me krocierë (f)	[uðətím mɛ krotsiérə]
cap (m) (suivre un ~)	kursi i udhëtimit (m)	[kúrsi i uðətímit]
itinéraire (m)	itinerar (m)	[itinɛrár]
chenal (m)	ujëra të lundrueshme (f)	[újəra tə lundrúɛʃmɛ]
bas-fond (m)	cekëtinë (f)	[tsɛkətínə]
échouer sur un bas-fond	bllokohet në rërë	[bɫokóhɛt nə rərə]
tempête (f)	stuhi (f)	[stuhí]
signal (m)	sinjal (m)	[siɲál]
sombrer (vi)	fundoset	[fundósɛt]
Un homme à la mer!	Njeri në det!	[ɲɛrí nə dɛt!]
SOS (m)	SOS (m)	[sos]
bouée (f) de sauvetage	bovë shpëtuese (f)	[bóvə ʃpətúɛsɛ]

144. L'aêroport

aéroport (m)	aeroport (m)	[aɛropórt]
avion (m)	avion (m)	[avión]
compagnie (f) aérienne	kompani ajrore (f)	[kompaní ajrórɛ]
contrôleur (m) aérien	kontroll i trafikut ajror (m)	[kontróɫ i trafíkut ajrór]
départ (m)	nisje (f)	[nísjɛ]
arrivée (f)	arritje (f)	[arítjɛ]
arriver (par avion)	arrij me avion	[aríj mɛ avión]
temps (m) de départ	nisja (f)	[nísja]
temps (m) d'arrivée	arritja (f)	[arítja]
être retardé	vonesë	[vonésə]
retard (m) de l'avion	vonesë avioni (f)	[vonésə avióni]
tableau (m) d'informations	ekrani i informacioneve (m)	[ɛkráni i informatsiónɛvɛ]
information (f)	informacion (m)	[informatsión]
annoncer (vt)	njoftoj	[ɲoftój]
vol (m)	fluturim (m)	[fluturím]

| douane (f) | doganë (f) | [dogánə] |
| douanier (m) | doganier (m) | [doganiér] |

déclaration (f) de douane	deklarim doganor (m)	[dɛklarím doganór]
remplir (vt)	plotësoj	[plotəsój]
remplir la déclaration	plotësoj deklaratën	[plotəsój dɛklarátən]
contrôle (m) de passeport	kontroll pasaportash (m)	[kontrót pasapórtaʃ]

bagage (m)	bagazh (m)	[bagáʒ]
bagage (m) à main	bagazh dore (m)	[bagáʒ dórɛ]
chariot (m)	karrocë bagazhesh (f)	[karótsə bagáʒɛʃ]

atterrissage (m)	aterrim (m)	[atɛrím]
piste (f) d'atterrissage	pistë aterrimi (f)	[pístə atɛrími]
atterrir (vi)	aterroj	[atɛrój]
escalier (m) d'avion	shkallë avioni (f)	[ʃkátə avióni]

enregistrement (m)	regjistrim (m)	[rɛɟistrím]
comptoir (m) d'enregistrement	sportel regjistrimi (m)	[sportél rɛɟistrími]
s'enregistrer (vp)	regjistrohem	[rɛɟistróhɛm]
carte (f) d'embarquement	biletë e hyrjes (f)	[bilétə ɛ hýrjɛs]
porte (f) d'embarquement	porta e nisjes (f)	[pórta ɛ nísjɛs]

transit (m)	transit (m)	[transít]
attendre (vt)	pres	[prɛs]
salle (f) d'attente	salla e nisjes (f)	[sáta ɛ nísjɛs]
raccompagner (à l'aéroport, etc.)	përcjell	[pərtsjét]
dire au revoir	përshëndetem	[pərʃəndétɛm]

145. Le vélo. La moto

vélo (m)	biçikletë (f)	[bitʃiklétə]
scooter (m)	skuter (m)	[skutér]
moto (f)	motoçikletë (f)	[mototʃiklétə]

faire du vélo	shkoj me biçikletë	[ʃkoj mɛ bitʃiklétə]
guidon (m)	timon (m)	[timón]
pédale (f)	pedale (f)	[pɛdálɛ]
freins (m pl)	frenat (pl)	[frénat]
selle (f)	shalë (f)	[ʃálə]

pompe (f)	pompë (f)	[pómpə]
porte-bagages (m)	mbajtëse (f)	[mbájtəsɛ]
phare (m)	drita e përparme (f)	[dríta ɛ pərpármɛ]
casque (m)	helmetë (f)	[hɛlmétə]

roue (f)	rrotë (f)	[rótə]
garde-boue (m)	parafango (f)	[parafáɲo]
jante (f)	rreth i jashtëm i rrotës (m)	[rɛθ i jáʃtəm i rótəs]
rayon (m)	telat e diskut (m)	[télat ɛ dískut]

La voiture

146. Les différents types de voiture

automobile (f)	makinë (f)	[makínǝ]
voiture (f) de sport	makinë sportive (f)	[makínǝ sportívɛ]
limousine (f)	limuzinë (f)	[limuzínǝ]
tout-terrain (m)	fuoristradë (f)	[fuoristrádǝ]
cabriolet (m)	kabriolet (m)	[kabriolét]
minibus (m)	furgon (m)	[furgón]
ambulance (f)	ambulancë (f)	[ambulántsǝ]
chasse-neige (m)	borëpastruese (f)	[borǝpastrúɛsɛ]
camion (m)	kamion (m)	[kamión]
camion-citerne (m)	autocisternë (f)	[autotsistérnǝ]
fourgon (m)	furgon mallrash (m)	[furgón máłraʃ]
tracteur (m) routier	kamionçinë (f)	[kamiontʃínǝ]
remorque (f)	rimorkio (f)	[rimórkio]
confortable (adj)	i rehatshëm	[i rɛhátʃǝm]
d'occasion (adj)	i përdorur	[i pǝrdórur]

147. La voiture. La carrosserie

capot (m)	kofano (f)	[kófano]
aile (f)	parafango (f)	[parafáŋo]
toit (m)	çati (f)	[tʃatí]
pare-brise (m)	xham i përparmë (m)	[dʒam i pǝrpármǝ]
rétroviseur (m)	pasqyrë për prapa (f)	[pascýrǝ pǝr prápa]
lave-glace (m)	larëse xhami (f)	[lárǝsɛ dʒámi]
essuie-glace (m)	fshirëse xhami (f)	[fʃírǝsɛ dʒámi]
fenêtre (f) latéral	xham anësor (m)	[dʒam anǝsór]
lève-glace (m)	levë xhami (f)	[lévǝ dʒámi]
antenne (f)	antenë (f)	[anténǝ]
toit (m) ouvrant	çati diellore (f)	[tʃatí diɛłórɛ]
pare-chocs (m)	parakolp (m)	[parakólp]
coffre (m)	bagazh (m)	[bagáʒ]
galerie (f) de toit	bagazh mbi çati (m)	[bagáʒ mbi tʃatí]
portière (f)	derë (f)	[dérǝ]
poignée (f)	doreza e derës (m)	[doréza ɛ dérǝs]
serrure (f)	kyç (m)	[kytʃ]
plaque (f) d'immatriculation	targë makine (f)	[tárgǝ makínɛ]
silencieux (m)	silenciator (m)	[silɛntsiatór]

| réservoir (m) d'essence | serbator (m) | [sɛrbatór] |
| pot (m) d'échappement | tub shkarkimi (m) | [tub ʃkarkími] |

accélérateur (m)	gaz (m)	[gaz]
pédale (f)	këmbëz (f)	[kémbəz]
pédale (f) d'accélérateur	pedal i gazit (m)	[pɛdál i gázit]

frein (m)	freni (m)	[fréni]
pédale (f) de frein	pedal i frenave (m)	[pɛdál i frénavɛ]
freiner (vi)	frenoj	[frɛnój]
frein (m) à main	freni i dorës (m)	[fréni i dórəs]

embrayage (m)	friksion (m)	[friksión]
pédale (f) d'embrayage	pedal i friksionit (m)	[pɛdál i friksiónit]
disque (m) d'embrayage	disk i friksionit (m)	[dísk i friksiónit]
amortisseur (m)	amortizator (m)	[amortizatór]

roue (f)	rrotë (f)	[rótə]
roue (f) de rechange	gomë rezervë (f)	[gómə rɛzérvə]
pneu (m)	gomë (f)	[gómə]
enjoliveur (m)	mbulesë gome (f)	[mbulésə gómɛ]

roues (f pl) motrices	rrota makine (f)	[róta makínɛ]
à traction avant	me rrotat e përparme	[mɛ rotat ɛ pərpármɛ]
à traction arrière	me rrotat e pasme	[mɛ rótat ɛ pásmɛ]
à traction intégrale	me të gjitha rrotat	[mɛ tə ɟíθa rótat]

boîte (f) de vitesses	kutia e marsheve (f)	[kutía ɛ márʃɛvɛ]
automatique (adj)	automatik	[automatík]
mécanique (adj)	mekanik	[mɛkaník]
levier (m) de vitesse	levë e marshit (f)	[lévə ɛ márʃit]

| phare (m) | dritë e përparme (f) | [drítə ɛ pərpármɛ] |
| feux (m pl) | dritat e përparme (pl) | [drítat ɛ pərpármɛ] |

feux (m pl) de croisement	dritat e shkurtra (pl)	[drítat ɛ ʃkúrtra]
feux (m pl) de route	dritat e gjata (pl)	[drítat ɛ ɟáta]
feux (m pl) stop	dritat e frenave (pl)	[drítat ɛ frénavɛ]

feux (m pl) de position	dritat për parkim (pl)	[drítat pər parkím]
feux (m pl) de détresse	sinjal për urgjencë (m)	[siɲál pər urɟéntsə]
feux (m pl) de brouillard	drita mjegulle (pl)	[dríta mjéguɫɛ]
clignotant (m)	sinjali i kthesës (m)	[siɲáli i kθésəs]
feux (m pl) de recul	dritat e prapme (pl)	[drítat ɛ prápmɛ]

148. La voiture. L'habitacle

habitacle (m)	interier (m)	[intɛriér]
en cuir (adj)	prej lëkure	[prɛj ləkúrɛ]
en velours (adj)	kadife	[kadífɛ]
revêtement (m)	veshje (f)	[véʃjɛ]

| instrument (m) | instrument (m) | [instrumént] |
| tableau (m) de bord | panel instrumentesh (m) | [panél instruméntɛʃ] |

indicateur (m) de vitesse	matës i shpejtësisë (m)	[mátəs i ʃpɛjtəsísə]
aiguille (f)	shigjetë (f)	[ʃiɟétə]

compteur (m) de kilomètres	kilometrazh (m)	[kilomɛtráʒ]
indicateur (m)	indikator (m)	[indikatór]
niveau (m)	nivel (m)	[nivél]
témoin (m)	dritë paralajmëruese (f)	[drítə paralajmərúɛsɛ]

volant (m)	timon (m)	[timón]
klaxon (m)	bori (f)	[borí]
bouton (m)	buton (m)	[butón]
interrupteur (m)	çelës drite (m)	[tʃéləs drítɛ]

siège (m)	karrige (f)	[karígɛ]
dossier (m)	shpinore (f)	[ʃpinórɛ]
appui-tête (m)	mbështetësja e kokës (m)	[mbəʃtétəsja ɛ kókəs]
ceinture (f) de sécurité	rrip i sigurimit (m)	[rip i sigurímit]
mettre la ceinture	lidh rripin e sigurimit	[lið rípin ɛ sigurímit]
réglage (m)	rregulloj (m)	[rɛguɫój]

airbag (m)	jastëk ajri (m)	[jastək ájri]
climatiseur (m)	kondicioner (m)	[konditsionér]

radio (f)	radio (f)	[rádio]
lecteur (m) de CD	disk CD (m)	[dísk tsɛdé]
allumer (vt)	ndez	[ndɛz]
antenne (f)	antenë (f)	[anténə]
boîte (f) à gants	kroskot (m)	[kroskót]
cendrier (m)	taketuke (f)	[takɛtúkɛ]

149. La voiture. Le moteur

moteur (m)	motor (m)	[motór]
diesel (adj)	me naftë	[mɛ náftə]
à essence (adj)	me benzinë	[mɛ bɛnzínə]

capacité (f) du moteur	vëllim i motorit (m)	[vəɫím i motórit]
puissance (f)	fuqi (f)	[fucí]
cheval-vapeur (m)	kuaj-fuqi (f)	[kúaj-fucí]
piston (m)	piston (m)	[pistón]
cylindre (m)	cilindër (m)	[tsilíndər]
soupape (f)	valvulë (f)	[valvúlə]

injecteur (m)	injektor (m)	[iɲɛktór]
générateur (m)	gjenerator (m)	[ɟɛnɛratór]
carburateur (m)	karburator (m)	[karburatór]
huile (f) moteur	vaj i motorit (m)	[vaj i motórit]

radiateur (m)	radiator (m)	[radiatór]
liquide (m) de refroidissement	antifriz (m)	[antifríz]
ventilateur (m)	ventilator (m)	[vɛntilatór]

batterie (f)	bateri (f)	[batɛrí]
starter (m)	motorino (f)	[motoríno]

allumage (m)	**kuadër ndezës** (m)	[kuádər ndézəs]
bougie (f) d'allumage	**kandelë** (f)	[kandélə]

borne (f)	**morseta e baterisë** (f)	[morséta ɛ batɛrísə]
borne (f) positive	**kahu pozitiv** (m)	[káhu pózitiv]
borne (f) négative	**kahu negativ** (m)	[káhu négativ]
fusible (m)	**siguresë** (f)	[sigurésə]

filtre (m) à air	**filtri i ajrit** (m)	[fíltri i ájrit]
filtre (m) à huile	**filtri i vajit** (m)	[fíltri i vájit]
filtre (m) à essence	**filtri i karburantit** (m)	[fíltri i karburántit]

150. La voiture. La réparation

accident (m) de voiture	**aksident** (m)	[aksidént]
accident (m) de route	**aksident rrugor** (m)	[aksidént rúgor]
percuter contre ...	**përplasem në mur**	[pərplásɛm nə mur]
s'écraser (vp)	**aksident i rëndë**	[aksidént i rəndə]
dégât (m)	**dëm** (m)	[dəm]
intact (adj)	**pa dëmtime**	[pa dəmtímɛ]

panne (f)	**avari** (f)	[avarí]
tomber en panne	**prishet**	[príʃet]
corde (f) de remorquage	**kabllo rimorkimi** (f)	[kábɫo rimorkími]

crevaison (f)	**shpim** (m)	[ʃpim]
crever (vi) (pneu)	**shpohet**	[ʃpóhɛt]
gonfler (vt)	**fryj**	[fryj]
pression (f)	**presion** (m)	[prɛsión]
vérifier (vt)	**kontrolloj**	[kontroɫój]

réparation (f)	**riparim** (m)	[riparím]
garage (m) (atelier)	**auto servis** (m)	[áuto sɛrvís]
pièce (f) détachée	**pjesë këmbimi** (f)	[pjésə kəmbími]
pièce (f)	**pjesë** (f)	[pjésə]

boulon (m)	**bulona** (f)	[bulóna]
vis (f)	**vida** (f)	[vída]
écrou (m)	**dado** (f)	[dádo]
rondelle (f)	**rondelë** (f)	[rondélə]
palier (m)	**kushineta** (f)	[kuʃinéta]

tuyau (m)	**tub** (m)	[tub]
joint (m)	**rondelë** (f)	[rondélə]
fil (m)	**kabllo** (f)	[kábɫo]

cric (m)	**krik** (m)	[krik]
clé (f) de serrage	**çelës** (m)	[tʃéləs]
marteau (m)	**çekiç** (m)	[tʃɛkítʃ]
pompe (f)	**pompë** (f)	[pómpə]
tournevis (m)	**kaçavidë** (f)	[katʃavídə]
extincteur (m)	**bombolë kundër zjarrit** (f)	[bombólə kúndər zjárit]
triangle (m) de signalisation	**trekëndësh paralajmërues** (m)	[trékəndəʃ paralajmərúɛs]

caler (vi)	fiket	[fíkɛt]
calage (m)	fikje (f)	[fíkjɛ]
être en panne	prishet	[príʃɛt]
surchauffer (vi)	nxehet	[ndzéhɛt]
se boucher (vp)	bllokohet	[bɫokóhɛt]
geler (vi)	ngrihet	[ŋríhɛt]
éclater (tuyau, etc.)	plas tubi	[plas túbi]
pression (f)	presion (m)	[prɛsión]
niveau (m)	nivel (m)	[nivél]
lâche (courroie ~)	i lirshëm	[i lírʃəm]
fosse (f)	shtypje (f)	[ʃtýpjɛ]
bruit (m) anormal	zhurmë motori (f)	[ʒúrmə motóri]
fissure (f)	çarje (f)	[tʃárjɛ]
égratignure (f)	gërvishtje (f)	[gərvíʃtjɛ]

151. La voiture. La route

route (f)	rrugë (f)	[rúgə]
grande route (autoroute)	autostradë (f)	[autostrádə]
autoroute (f)	autostradë (f)	[autostrádə]
direction (f)	drejtim (m)	[drɛjtím]
distance (f)	largësi (f)	[largəsí]
pont (m)	urë (f)	[úrə]
parking (m)	parking (m)	[parkíŋ]
place (f)	shesh (m)	[ʃɛʃ]
échangeur (m)	kryqëzim rrugësh (m)	[krycəzím rúgəʃ]
tunnel (m)	tunel (m)	[tunél]
station-service (f)	pikë karburanti (f)	[píkə karburánti]
parking (m)	parking (m)	[parkíŋ]
poste (m) d'essence	pompë karburanti (f)	[pómpə karburánti]
garage (m) (atelier)	auto servis (m)	[áuto sɛrvís]
se ravitailler (vp)	furnizohem me gaz	[furnizóhɛm mɛ gáz]
carburant (m)	karburant (m)	[karburánt]
jerrycan (m)	bidon (m)	[bidón]
asphalte (m)	asfalt (m)	[asfált]
marquage (m)	vijëzime të rrugës (pl)	[vijəzímɛ tə rúgəs]
bordure (f)	bordurë (f)	[bordúrə]
barrière (f) de sécurité	parmakë të sigurisë (pl)	[parmákə tə sigurísə]
fossé (m)	kanal (m)	[kanál]
bas-côté (m)	shpatull rrugore (f)	[ʃpátuɫ rugórɛ]
réverbère (m)	shtyllë dritash (f)	[ʃtýɫə drítaʃ]
conduire (une voiture)	ngas	[ŋas]
tourner (~ à gauche)	kthej	[kθɛj]
faire un demi-tour	marr kthesë U	[mar kθésə u]
marche (f) arrière	marsh prapa (m)	[marʃ prápa]
klaxonner (vi)	i bie borisë	[i bíɛ borísə]
coup (m) de klaxon	tyt (m)	[tyt]

s'embourber (vp)	ngec në baltë	[ŋɛts nə báltə]
déraper (vi)	xhiroj gomat	[dʒirój gómat]
couper (le moteur)	fik	[fik]

vitesse (f)	shpejtësi (f)	[ʃpɛjtəsí]
dépasser la vitesse	kaloj minimumin e shpejtësisë	[kalój minimúmin ɛ ʃpɛjtəsísə]
mettre une amende	vë gjobë	[və ɟóbə]
feux (m pl) de circulation	semafor (m)	[sɛmafór]
permis (m) de conduire	patentë shoferi (f)	[paténtə ʃoféri]

passage (m) à niveau	kalim hekurudhor (m)	[kalím hɛkuruðór]
carrefour (m)	kryqëzim (m)	[krycəzím]
passage (m) piéton	kalim për këmbësorë (m)	[kalím pər kəmbəsórə]
virage (m)	kthesë (f)	[kθésə]
zone (f) piétonne	zonë këmbësorësh (f)	[zónə kəmbəsórəʃ]

LES GENS. LES ÉVÉNEMENTS

Les grands événements de la vie

152. Les fêtes et les événements

fête (f)	festë (f)	[féstə]
fête (f) nationale	festë kombëtare (f)	[féstə kombətárɛ]
jour (m) férié	festë publike (f)	[féstə publíkɛ]
fêter (vt)	festoj	[fɛstój]
événement (m) (~ du jour)	ceremoni (f)	[tsɛrɛmoní]
événement (m) (soirée, etc.)	eveniment (m)	[ɛvɛnimént]
banquet (m)	banket (m)	[bankét]
réception (f)	pritje (f)	[prítjɛ]
festin (m)	aheng (m)	[ahéŋ]
anniversaire (m)	përvjetor (m)	[pərvjɛtór]
jubilé (m)	jubile (m)	[jubilé]
célébrer (vt)	festoj	[fɛstój]
Nouvel An (m)	Viti i Ri (m)	[víti i rí]
Bonne année!	Gëzuar Vitin e Ri!	[gəzúar vítin ɛ rí!]
Père Noël (m)	Santa Klaus (m)	[sánta kláus]
Noël (m)	Krishtlindje (f)	[kriʃtlíndjɛ]
Joyeux Noël!	Gëzuar Krishtlindjen!	[gəzúar kriʃtlíndjɛn!]
arbre (m) de Noël	péma e Krishtlindjes (f)	[péma ɛ kriʃtlíndjɛs]
feux (m pl) d'artifice	fishekzjarrë (m)	[fiʃɛkzjárə]
mariage (m)	dasmë (f)	[dásmə]
fiancé (m)	dhëndër (m)	[ðéndər]
fiancée (f)	nuse (f)	[núsɛ]
inviter (vt)	ftoj	[ftoj]
lettre (f) d'invitation	ftesë (f)	[ftésə]
invité (m)	mysafir (m)	[mysafír]
visiter (~ les amis)	vizitoj	[vizitój]
accueillir les invités	takoj të ftuarit	[takój tə ftúarit]
cadeau (m)	dhuratë (f)	[ðurátə]
offrir (un cadeau)	dhuroj	[ðurój]
recevoir des cadeaux	marr dhurata	[mar ðuráta]
bouquet (m)	buqetë (f)	[bucétə]
félicitations (f pl)	urime (f)	[urímɛ]
féliciter (vt)	përgëzoj	[pərgəzój]
carte (f) de veux	kartolinë (f)	[kartolínə]

| envoyer une carte | dërgoj kartolinë | [dərgój kartolínə] |
| recevoir une carte | marr kartolinë | [mar kartolínə] |

toast (m)	dolli (f)	[dołí]
offrir (un verre, etc.)	qeras	[cɛrás]
champagne (m)	shampanjë (f)	[ʃampáɲə]

s'amuser (vp)	kënaqem	[kənácɛm]
gaieté (f)	gëzim (m)	[gəzím]
joie (f) (émotion)	gëzim (m)	[gəzím]

| danse (f) | vallëzim (m) | [vałəzím] |
| danser (vi, vt) | vallëzoj | [vałəzój] |

| valse (f) | vals (m) | [vals] |
| tango (m) | tango (f) | [táŋo] |

153. L'enterrement. Le deuil

cimetière (m)	varreza (f)	[varéza]
tombe (f)	varr (m)	[var]
croix (f)	kryq (m)	[kryc]
pierre (f) tombale	gur varri (m)	[gur vári]
clôture (f)	gardh (m)	[garð]
chapelle (f)	kishëz (m)	[kíʃəz]

mort (f)	vdekje (f)	[vdékjɛ]
mourir (vi)	vdes	[vdɛs]
défunt (m)	i vdekuri (m)	[i vdékuri]
deuil (m)	zi (f)	[zi]

enterrer (vt)	varros	[varós]
maison (f) funéraire	agjenci funeralesh (f)	[aɟɛntsí funɛrálɛʃ]
enterrement (m)	funeral (m)	[funɛrál]

couronne (f)	kurorë (f)	[kurórə]
cercueil (m)	arkivol (m)	[arkivól]
corbillard (m)	makinë funebre (f)	[makínə funébrɛ]
linceul (m)	qefin (m)	[cɛfín]

cortège (m) funèbre	kortezh (m)	[kortéʒ]
urne (f) funéraire	urnë (f)	[úrnə]
crématoire (m)	kremator (m)	[krɛmatór]

nécrologue (m)	përkujtim (m)	[pərkujtím]
pleurer (vi)	qaj	[caj]
sangloter (vi)	qaj me dënesë	[caj mɛ dənésə]

154. La guerre. Les soldats

| section (f) | togë (f) | [tógə] |
| compagnie (f) | kompani (f) | [kompaní] |

régiment (m)	regjiment (m)	[rɛɟimént]
armée (f)	ushtri (f)	[uʃtrí]
division (f)	divizion (m)	[divizión]
détachement (m)	skuadër (f)	[skuádər]
armée (f) (Moyen Âge)	armatë (f)	[armátə]
soldat (m) (un militaire)	ushtar (m)	[uʃtár]
officier (m)	oficer (m)	[ofitsér]
soldat (m) (grade)	ushtar (m)	[uʃtár]
sergent (m)	rreshter (m)	[rɛʃtér]
lieutenant (m)	toger (m)	[togér]
capitaine (m)	kapiten (m)	[kapitén]
commandant (m)	major (m)	[majór]
colonel (m)	kolonel (m)	[kolonél]
général (m)	gjeneral (m)	[ɟɛnɛrál]
marin (m)	marinar (m)	[marinár]
capitaine (m)	kapiten (m)	[kapitén]
maître (m) d'équipage	kryemarinar (m)	[kryɛmarinár]
artilleur (m)	artiljer (m)	[artiljér]
parachutiste (m)	parashutist (m)	[paraʃutíst]
pilote (m)	pilot (m)	[pilót]
navigateur (m)	navigues (m)	[navigúɛs]
mécanicien (m)	mekanik (m)	[mɛkaník]
démineur (m)	xhenier (m)	[dʒɛniér]
parachutiste (m)	parashutist (m)	[paraʃutíst]
éclaireur (m)	agjent zbulimi (m)	[aɟént zbulími]
tireur (m) d'élite	snajper (m)	[snajpér]
patrouille (f)	patrullë (f)	[patrúɫə]
patrouiller (vi)	patrulloj	[patruɫój]
sentinelle (f)	rojë (f)	[rójə]
guerrier (m)	luftëtar (m)	[luftətár]
patriote (m)	patriot (m)	[patriót]
héros (m)	hero (m)	[hɛró]
héroïne (f)	heroinë (f)	[hɛroínə]
traître (m)	tradhtar (m)	[traðtár]
trahir (vt)	tradhtoj	[traðtój]
déserteur (m)	dezertues (m)	[dɛzɛrtúɛs]
déserter (vt)	dezertoj	[dɛzɛrtój]
mercenaire (m)	mercenar (m)	[mɛrtsɛnár]
recrue (f)	rekrut (m)	[rɛkrút]
volontaire (m)	vullnetar (m)	[vuɫnɛtár]
mort (m)	vdekur (m)	[vdékur]
blessé (m)	i plagosur (m)	[i plagósur]
prisonnier (m) de guerre	rob lufte (m)	[rob lúftɛ]

155. La guerre. Partie 1

guerre (f)	luftë (f)	[lúftə]
faire la guerre	në luftë	[nə lúftə]
guerre (f) civile	luftë civile (f)	[lúftə tsivílɛ]
perfidement (adv)	pabesisht	[pabɛsíʃt]
déclaration (f) de guerre	shpallje lufte (f)	[ʃpáɫjɛ lúftɛ]
déclarer (la guerre)	shpall	[ʃpaɫ]
agression (f)	agresion (m)	[agrɛsión]
attaquer (~ un pays)	sulmoj	[sulmój]
envahir (vt)	pushtoj	[puʃtój]
envahisseur (m)	pushtues (m)	[puʃtúɛs]
conquérant (m)	pushtues (m)	[puʃtúɛs]
défense (f)	mbrojtje (f)	[mbrójtjɛ]
défendre (vt)	mbroj	[mbrój]
se défendre (vp)	mbrohem	[mbróhɛm]
ennemi (m)	armik (m)	[armík]
adversaire (m)	kundërshtar (m)	[kundərʃtár]
ennemi (adj) (territoire ~)	armike	[armíkɛ]
stratégie (f)	strategji (f)	[stratɛɟí]
tactique (f)	taktikë (f)	[taktíkə]
ordre (m)	urdhër (m)	[úrðər]
commande (f)	komandë (f)	[komándə]
ordonner (vt)	urdhëroj	[urðərój]
mission (f)	mision (m)	[misión]
secret (adj)	sekret	[sɛkrét]
bataille (f), combat (m)	betejë (f)	[bɛtéjə]
combat (m)	luftim (m)	[luftím]
attaque (f)	sulm (m)	[sulm]
assaut (m)	sulm (m)	[sulm]
prendre d'assaut	sulmoj	[sulmój]
siège (m)	nën rrethim (m)	[nən rɛθím]
offensive (f)	sulm (m)	[sulm]
passer à l'offensive	kaloj në sulm	[kalój nə súlm]
retraite (f)	tërheqje (f)	[tərhécjɛ]
faire retraite	tërhiqem	[tərhícɛm]
encerclement (m)	rrethim (m)	[rɛθím]
encercler (vt)	rrethoj	[rɛθój]
bombardement (m)	bombardim (m)	[bombardím]
lancer une bombe	hedh bombë	[hɛð bómbə]
bombarder (vt)	bombardoj	[bombardój]
explosion (f)	shpërthim (m)	[ʃpərθím]
coup (m) de feu	e shtënë (f)	[ɛ ʃténə]

tirer un coup de feu	qëlloj	[cəɫój]
fusillade (f)	të shtëna (pl)	[tə ʃténa]

viser … (cible)	vë në shënjestër	[və nə ʃəɲéstər]
pointer (sur …)	drejtoj armën	[drɛjtój ármən]
atteindre (cible)	qëlloj	[cəɫój]

faire sombrer	fundos	[fundós]
trou (m) (dans un bateau)	vrimë (f)	[vrímə]
sombrer (navire)	fundoset	[fundósɛt]

front (m)	front (m)	[front]
évacuation (f)	evakuim (m)	[ɛvakuím]
évacuer (vt)	evakuoj	[ɛvakuój]

tranchée (f)	llogore (f)	[ɫogórɛ]
barbelés (m pl)	tel me gjemba (m)	[tɛl mɛ ɟémba]
barrage (m) (~ antichar)	pengesë (f)	[pɛɲésə]
tour (f) de guet	kullë vrojtuese (f)	[kúɫə vrojtúɛsɛ]

hôpital (m)	spital ushtarak (m)	[spitál uʃtarák]
blesser (vt)	plagos	[plagós]
blessure (f)	plagë (f)	[plágə]
blessé (m)	i plagosur (m)	[i plagósur]
être blessé	jam i plagosur	[jam i plagósur]
grave (blessure)	rëndë	[rə́ndə]

156. Les armes

arme (f)	armë (f)	[ármə]
armes (f pl) à feu	armë zjarri (f)	[ármə zjári]
armes (f pl) blanches	armë të ftohta (pl)	[ármə tə ftóhta]

arme (f) chimique	armë kimike (f)	[ármə kimíkɛ]
nucléaire (adj)	nukleare	[nuklɛárɛ]
arme (f) nucléaire	armë nukleare (f)	[ármə nuklɛárɛ]

bombe (f)	bombë (f)	[bómbə]
bombe (f) atomique	bombë atomike (f)	[bómbə atomíkɛ]

pistolet (m)	pistoletë (f)	[pistolétə]
fusil (m)	pushkë (f)	[púʃkə]
mitraillette (f)	mitraloz (m)	[mitralóz]
mitrailleuse (f)	mitraloz (m)	[mitralóz]

bouche (f)	grykë (f)	[grýkə]
canon (m)	tytë pushke (f)	[týtə púʃkɛ]
calibre (m)	kalibër (m)	[kalíbər]

gâchette (f)	këmbëz (f)	[kə́mbəz]
mire (f)	shënjestër (f)	[ʃəɲéstər]
magasin (m)	karikator (m)	[karikatór]
crosse (f)	qytë (f)	[cýtə]
grenade (f) à main	bombë dore (f)	[bómbə dórɛ]

explosif (m)	eksploziv (m)	[ɛksplozív]
balle (f)	plumb (m)	[plúmb]
cartouche (f)	fishek (m)	[fiʃék]
charge (f)	karikim (m)	[karikím]
munitions (f pl)	municion (m)	[munitsión]

bombardier (m)	avion bombardues (m)	[avión bombardúɛs]
avion (m) de chasse	avion luftarak (m)	[avión luftarák]
hélicoptère (m)	helikopter (m)	[hɛlikoptér]

pièce (f) de D.C.A.	armë anti-ajrore (f)	[ármə ánti-ajrórɛ]
char (m)	tank (m)	[tank]
canon (m) d'un char	top tanku (m)	[top tánku]

artillerie (f)	artileri (f)	[artilɛrí]
canon (m)	top (m)	[top]
pointer (~ l'arme)	vë në shënjestër	[və nə ʃəɲéstər]

obus (m)	mortajë (f)	[mortájə]
obus (m) de mortier	bombë mortaje (f)	[bómbə mortájɛ]
mortier (m)	mortajë (f)	[mortájə]
éclat (m) d'obus	copëz mortaje (f)	[tsópəz mortájɛ]

sous-marin (m)	nëndetëse (f)	[nəndétəsɛ]
torpille (f)	silurë (f)	[silúrə]
missile (m)	raketë (f)	[rakétə]

charger (arme)	mbush	[mbúʃ]
tirer (vi)	qëlloj	[cəłój]
viser ... (cible)	drejtoj	[drɛjtój]
baïonnette (f)	bajonetë (f)	[bajonétə]

épée (f)	shpatë (f)	[ʃpátə]
sabre (m)	shpatë (f)	[ʃpátə]
lance (f)	shtizë (f)	[ʃtízə]
arc (m)	hark (m)	[hárk]
flèche (f)	shigjetë (f)	[ʃiɟétə]
mousquet (m)	musketë (f)	[muskétə]
arbalète (f)	pushkë-shigjetë (f)	[púʃkə-ʃiɟétə]

157. Les hommes préhistoriques

primitif (adj)	prehistorik	[prɛhistorík]
préhistorique (adj)	prehistorike	[prɛhistoríkɛ]
ancien (adj)	i lashtë	[i láʃtə]

Âge (m) de pierre	Epoka e Gurit (f)	[ɛpóka ɛ gúrit]
Âge (m) de bronze	Epoka e Bronzit (f)	[ɛpóka ɛ brónzit]
période (f) glaciaire	Epoka e akullit (f)	[ɛpóka ɛ ákułit]

tribu (f)	klan (m)	[klan]
cannibale (m)	kanibal (m)	[kanibál]
chasseur (m)	gjahtar (m)	[ɟahtár]
chasser (vi, vt)	dal për gjah	[dál pər ɟáh]

mammouth (m)	mamut (m)	[mamút]
caverne (f)	shpellë (f)	[ʃpétə]
feu (m)	zjarr (m)	[zjar]
feu (m) de bois	zjarr kampingu (m)	[zjar kampíŋu]
dessin (m) rupestre	vizatim në shpella (m)	[vizatím nə ʃpéta]

outil (m)	vegël (f)	[végəl]
lance (f)	shtizë (f)	[ʃtízə]
hache (f) en pierre	sëpatë guri (f)	[səpátə gúri]
faire la guerre	në luftë	[nə lúftə]
domestiquer (vt)	zbus	[zbus]

idole (f)	idhull (m)	[íðuɫ]
adorer, vénérer (vt)	adhuroj	[aðurój]
superstition (f)	besëtytni (f)	[bɛsətytní]
rite (m)	rit (m)	[rit]

évolution (f)	evolucion (m)	[ɛvolutsión]
développement (m)	zhvillim (m)	[ʒvitím]
disparition (f)	zhdukje (f)	[ʒdúkjɛ]
s'adapter (vp)	përshtatem	[pərʃtátɛm]

archéologie (f)	arkeologji (f)	[arkɛoloɟí]
archéologue (m)	arkeolog (m)	[arkɛológ]
archéologique (adj)	arkeologjike	[arkɛoloɟíkɛ]

site (m) d'excavation	vendi i gërmimeve (m)	[véndi i gərmímɛvɛ]
fouilles (f pl)	gërmime (pl)	[gərmímɛ]
trouvaille (f)	zbulim (m)	[zbulím]
fragment (m)	fragment (m)	[fragmént]

158. Le Moyen Âge

peuple (m)	popull (f)	[pópuɫ]
peuples (m pl)	popuj (pl)	[pópuj]
tribu (f)	klan (m)	[klan]
tribus (f pl)	klane (pl)	[klánɛ]

Barbares (m pl)	barbarë (pl)	[barbárə]
Gaulois (m pl)	Galët (pl)	[gálət]
Goths (m pl)	Gotët (pl)	[gótət]
Slaves (m pl)	Sllavët (pl)	[stávət]
Vikings (m pl)	Vikingët (pl)	[vikíŋət]

Romains (m pl)	Romakët (pl)	[romákət]
romain (adj)	romak	[romák]

byzantins (m pl)	Bizantinët (pl)	[bizantínət]
Byzance (f)	Bizanti (m)	[bizánti]
byzantin (adj)	bizantine	[bizantínɛ]

empereur (m)	perandor (m)	[pɛrandór]
chef (m)	prijës (m)	[príjəs]
puissant (adj)	i fuqishëm	[i fucíʃəm]

roi (m)	mbret (m)	[mbrét]
gouverneur (m)	sundimtar (m)	[sundimtár]
chevalier (m)	kalorës (m)	[kalórəs]
féodal (m)	lord feudal (m)	[lórd fɛudál]
féodal (adj)	feudal	[fɛudál]
vassal (m)	vasal (m)	[vasál]
duc (m)	dukë (f)	[dúkə]
comte (m)	kont (m)	[kont]
baron (m)	baron (m)	[barón]
évêque (m)	peshkop (m)	[pɛʃkóp]
armure (f)	parzmore (f)	[parzmórɛ]
bouclier (m)	mburojë (f)	[mburójə]
glaive (m)	shpatë (f)	[ʃpátə]
visière (f)	ballnik (m)	[baɫník]
cotte (f) de mailles	thurak (m)	[θurák]
croisade (f)	Kryqëzata (f)	[krycəzáta]
croisé (m)	kryqtar (m)	[kryctár]
territoire (m)	territor (m)	[tɛritór]
attaquer (~ un pays)	sulmoj	[sulmój]
conquérir (vt)	mposht	[mpóʃt]
occuper (envahir)	pushtoj	[puʃtój]
siège (m)	nën rrethim (m)	[nən rɛθím]
assiégé (adj)	i rrethuar	[i rɛθúar]
assiéger (vt)	rrethoj	[rɛθój]
inquisition (f)	inkuizicion (m)	[inkuizitsión]
inquisiteur (m)	inkuizitor (m)	[inkuizitór]
torture (f)	torturë (f)	[tortúrə]
cruel (adj)	mizor	[mizór]
hérétique (m)	heretik (m)	[hɛrɛtík]
hérésie (f)	herezi (f)	[hɛrɛzí]
navigation (f) en mer	lundrim (m)	[lundrím]
pirate (m)	pirat (m)	[pirát]
piraterie (f)	pirateri (f)	[piratɛrí]
abordage (m)	sulm me anije (m)	[sulm mɛ aníjɛ]
butin (m)	plaçkë (f)	[plátʃkə]
trésor (m)	thesare (pl)	[θɛsárɛ]
découverte (f)	zbulim (m)	[zbulím]
découvrir (vt)	zbuloj	[zbulój]
expédition (f)	ekspeditë (f)	[ɛkspɛdítə]
mousquetaire (m)	musketar (m)	[muskɛtár]
cardinal (m)	kardinal (m)	[kardinál]
héraldique (f)	heraldikë (f)	[hɛraldíkə]
héraldique (adj)	heraldik	[hɛraldík]

159. Les dirigeants. Les responsables. Les autorités

roi (m)	mbret (m)	[mbrét]
reine (f)	mbretëreshë (f)	[mbrɛtəréʃə]
royal (adj)	mbretërore	[mbrɛtərórɛ]
royaume (m)	mbretëri (f)	[mbrɛtərí]
prince (m)	princ (m)	[prints]
princesse (f)	princeshë (f)	[printséʃə]
président (m)	president (m)	[prɛsidént]
vice-président (m)	zëvendës president (m)	[zəvéndəs prɛsidént]
sénateur (m)	senator (m)	[sɛnatór]
monarque (m)	monark (m)	[monárk]
gouverneur (m)	sundimtar (m)	[sundimtár]
dictateur (m)	diktator (m)	[diktatór]
tyran (m)	tiran (m)	[tirán]
magnat (m)	manjat (m)	[maɲát]
directeur (m)	drejtor (m)	[drɛjtór]
chef (m)	udhëheqës (m)	[uðəhécəs]
gérant (m)	drejtor (m)	[drɛjtór]
boss (m)	bos (m)	[bos]
patron (m)	pronar (m)	[pronáɾ]
leader (m)	lider (m)	[lidéɾ]
chef (m) (~ d'une délégation)	kryetar (m)	[kryɛtár]
autorités (f pl)	autoritetet (pl)	[autoritétɛt]
supérieurs (m pl)	eprorët (pl)	[ɛprórət]
gouverneur (m)	guvernator (m)	[guvɛrnatór]
consul (m)	konsull (m)	[kónsuɫ]
diplomate (m)	diplomat (m)	[diplomát]
maire (m)	kryetar komune (m)	[kryɛtár komúnɛ]
shérif (m)	sherif (m)	[ʃɛríf]
empereur (m)	perandor (m)	[pɛrandór]
tsar (m)	car (m)	[tsár]
pharaon (m)	faraon (m)	[faraón]
khan (m)	khan (m)	[khán]

160. Les crimes. Les criminels. Partie 1

bandit (m)	bandit (m)	[bandít]
crime (m)	krim (m)	[krim]
criminel (m)	kriminel (m)	[kriminél]
voleur (m)	hajdut (m)	[hajdút]
voler (qch à qn)	vjedh	[vjɛð]
vol (m)	vjedhje (f)	[vjéðjɛ]
kidnapper (vt)	rrëmbej	[rəmbéj]
kidnapping (m)	rrëmbim (m)	[rəmbím]

kidnappeur (m)	rrëmbyes (m)	[rəmbýɛs]
rançon (f)	shpërblesë (f)	[ʃpərblésə]
exiger une rançon	kërkoj shpërblesë	[kərkój ʃpərblésə]

cambrioler (vt)	grabis	[grabís]
cambriolage (m)	grabitje (f)	[grabítjɛ]
cambrioleur (m)	grabitës (m)	[grabítəs]

extorquer (vt)	zhvat	[ʒvat]
extorqueur (m)	zhvatës (m)	[ʒvátəs]
extorsion (f)	zhvatje (f)	[ʒvátjɛ]

tuer (vt)	vras	[vras]
meurtre (m)	vrasje (f)	[vrásjɛ]
meurtrier (m)	vrasës (m)	[vrásəs]

coup (m) de feu	e shtënë (f)	[ɛ ʃténə]
tirer un coup de feu	qëlloj	[cəɫój]
abattre (par balle)	qëlloj për vdekje	[cəɫój pər vdékjɛ]
tirer (vi)	qëlloj	[cəɫój]
coups (m pl) de feu	të shtëna (pl)	[tə ʃténa]
incident (m)	incident (m)	[intsidént]
bagarre (f)	përleshje (f)	[pərléʃjɛ]
Au secours!	Ndihmë!	[ndíhmə!]
victime (f)	viktimë (f)	[viktímə]

endommager (vt)	dëmtoj	[dəmtój]
dommage (m)	dëm (m)	[dəm]
cadavre (m)	kufomë (f)	[kufómə]
grave (~ crime)	i rëndë	[i réndə]

attaquer (vt)	sulmoj	[sulmój]
battre (frapper)	rrah	[rah]
passer à tabac	sakatoj	[sakatój]
prendre (voler)	rrëmbej	[rəmbéj]
poignarder (vt)	ther për vdekje	[θɛr pər vdékjɛ]
mutiler (vt)	gjymtoj	[ɟymtój]
blesser (vt)	plagos	[plagós]

chantage (m)	shantazh (m)	[ʃantáʒ]
faire chanter	bëj shantazh	[bəj ʃantáʒ]
maître (m) chanteur	shantazhist (m)	[ʃantaʒíst]

racket (m) de protection	rrjet mashtrimi (m)	[rjét maʃtrími]
racketteur (m)	mashtrues (m)	[maʃtrúɛs]
gangster (m)	gangster (m)	[gaŋstér]
mafia (f)	mafia (f)	[máfia]

pickpocket (m)	vjedhës xhepash (m)	[vjéðəs dʒépaʃ]
cambrioleur (m)	hajdut (m)	[hajdút]
contrebande (f) (trafic)	trafikim (m)	[trafikím]
contrebandier (m)	trafikues (m)	[trafikúɛs]

contrefaçon (f)	falsifikim (m)	[falsifikím]
falsifier (vt)	falsifikoj	[falsifikój]
faux (falsifié)	fals	[fáls]

161. Les crimes. Les criminels. Partie 2

viol (m)	përdhunim (m)	[pərðuním]
violer (vt)	përdhunoj	[pərðunój]
violeur (m)	përdhunues (m)	[pərðunúɛs]
maniaque (m)	maniak (m)	[maniák]
prostituée (f)	prostitutë (f)	[prostitútə]
prostitution (f)	prostitucion (m)	[prostitutsión]
souteneur (m)	tutor (m)	[tutór]
drogué (m)	narkoman (m)	[narkomán]
trafiquant (m) de drogue	trafikant droge (m)	[trafikánt drógɛ]
faire exploser	shpërthej	[ʃpərθéj]
explosion (f)	shpërthim (m)	[ʃpərθím]
mettre feu	vë flakën	[və flákən]
incendiaire (m)	zjarrvënës (m)	[zjarvénəs]
terrorisme (m)	terrorizëm (m)	[tɛrorízəm]
terroriste (m)	terrorist (m)	[tɛroríst]
otage (m)	peng (m)	[pɛŋ]
escroquer (vt)	mashtroj	[maʃtrój]
escroquerie (f)	mashtrim (m)	[maʃtrím]
escroc (m)	mashtrues (m)	[maʃtrúɛs]
soudoyer (vt)	jap ryshfet	[jap ryʃfét]
corruption (f)	ryshfet (m)	[ryʃfét]
pot-de-vin (m)	ryshfet (m)	[ryʃfét]
poison (m)	helm (m)	[hɛlm]
empoisonner (vt)	helmoj	[hɛlmój]
s'empoisonner (vp)	helmohem	[hɛlmóhɛm]
suicide (m)	vetëvrasje (f)	[vɛtəvrásjɛ]
suicidé (m)	vetëvrasës (m)	[vɛtəvrásəs]
menacer (vt)	kërcënoj	[kərtsənój]
menace (f)	kërcënim (m)	[kərtsəním]
attenter (vt)	tentoj	[tɛntój]
attentat (m)	atentat (m)	[atɛntát]
voler (un auto)	vjedh	[vjɛð]
détourner (un avion)	rrëmbej	[rəmbéj]
vengeance (f)	hakmarrje (f)	[hakmárjɛ]
se venger (vp)	hakmerrem	[hakmérɛm]
torturer (vt)	torturoj	[torturój]
torture (f)	torturë (f)	[tortúrə]
tourmenter (vt)	torturoj	[torturój]
pirate (m)	pirat (m)	[pirát]
voyou (m)	huligan (m)	[huligán]

armé (adj)	i armatosur	[i armatósur]
violence (f)	dhunë (f)	[ðúnə]
illégal (adj)	ilegal	[ilɛgál]

| espionnage (m) | spiunazh (m) | [spiunáʒ] |
| espionner (vt) | spiunoj | [spiunój] |

162. La police. La justice. Partie 1

| justice (f) | drejtësi (f) | [drɛjtəsí] |
| tribunal (m) | gjykatë (f) | [ɟykátə] |

juge (m)	gjykatës (m)	[ɟykátəs]
jury (m)	anëtar jurie (m)	[anətár juríɛ]
cour (f) d'assises	gjyq me juri (m)	[ɟyc mɛ jurí]
juger (vt)	gjykoj	[ɟykój]

avocat (m)	avokat (m)	[avokát]
accusé (m)	pandehur (m)	[pandéhur]
banc (m) des accusés	bankë e të pandehurit (f)	[bánkə ɛ tə pandéhurit]

| inculpation (f) | akuzë (f) | [akúzə] |
| inculpé (m) | i akuzuar (m) | [i akuzúar] |

| condamnation (f) | vendim (m) | [vɛndím] |
| condamner (vt) | dënoj | [dənój] |

coupable (m)	fajtor (m)	[fajtór]
punir (vt)	ndëshkoj	[ndəʃkój]
punition (f)	ndëshkim (m)	[ndəʃkím]

amende (f)	gjobë (f)	[ɟóbə]
détention (f) à vie	burgim i përjetshëm (m)	[burgím i pərjétʃəm]
peine (f) de mort	dënim me vdekje (m)	[dəním mɛ vdékjɛ]
chaise (f) électrique	karrige elektrike (f)	[karígɛ ɛlɛktríkɛ]
potence (f)	varje (f)	[várjɛ]

| exécuter (vt) | ekzekutoj | [ɛkzɛkutój] |
| exécution (f) | ekzekutim (m) | [ɛkzɛkutím] |

| prison (f) | burg (m) | [búrg] |
| cellule (f) | qeli (f) | [cɛlí] |

escorte (f)	eskortë (f)	[ɛskórtə]
gardien (m) de prison	gardian burgu (m)	[gardián búrgu]
prisonnier (m)	i burgosur (m)	[i burgósur]

| menottes (f pl) | pranga (f) | [práŋa] |
| mettre les menottes | vë prangat | [və práŋat] |

évasion (f)	arratisje nga burgu (f)	[aratísjɛ ŋa búrgu]
s'évader (vp)	arratisem	[aratísɛm]
disparaître (vi)	zhduk	[ʒduk]
libérer (vt)	dal nga burgu	[dál ŋa búrgu]

amnistie (f)	amnisti (f)	[amnistí]
police (f)	polici (f)	[politsí]
policier (m)	polic (m)	[políts]
commissariat (m) de police	komisariat (m)	[komisariát]
matraque (f)	shkop gome (m)	[ʃkop gómɛ]
haut parleur (m)	altoparlant (m)	[altoparlánt]

voiture (f) de patrouille	makinë patrullimi (f)	[makínə patruɬími]
sirène (f)	alarm (m)	[alárm]
enclencher la sirène	ndez sirenën	[ndɛz sirénən]
hurlement (m) de la sirène	zhurmë alarmi (f)	[ʒúrmə alármi]

lieu (m) du crime	skenë krimi (f)	[skénə krími]
témoin (m)	dëshmitar (m)	[dəʃmitár]
liberté (f)	liri (f)	[lirí]
complice (m)	bashkëpunëtor (m)	[baʃkəpunətór]
s'enfuir (vp)	zhdukem	[ʒdúkɛm]
trace (f)	gjurmë (f)	[ɟúrmə]

163. La police. La justice. Partie 2

recherche (f)	kërkim (m)	[kərkím]
rechercher (vt)	kërkoj …	[kərkój …]
suspicion (f)	dyshim (m)	[dyʃím]
suspect (adj)	i dyshuar	[i dyʃúar]
arrêter (dans la rue)	ndaloj	[ndalój]
détenir (vt)	mbaj të ndaluar	[mbáj tə ndalúar]

affaire (f) (~ pénale)	padi (f)	[padí]
enquête (f)	hetim (m)	[hɛtím]
détective (m)	detektiv (m)	[dɛtɛktív]
enquêteur (m)	hetues (m)	[hɛtúɛs]
hypothèse (f)	hipotezë (f)	[hipotézə]

motif (m)	motiv (m)	[motív]
interrogatoire (m)	marrje në pyetje (f)	[márjɛ nə pýɛtjɛ]
interroger (vt)	marr në pyetje	[mar nə pýɛtjɛ]
interroger (~ les voisins)	pyes	[pýɛs]
inspection (f)	verifikim (m)	[vɛrifikím]

rafle (f)	kontroll në grup (m)	[kontróɬ nə grúp]
perquisition (f)	bastisje (f)	[bastísjɛ]
poursuite (f)	ndjekje (f)	[ndjékjɛ]
poursuivre (vt)	ndjek	[ndjék]
dépister (vt)	ndjek	[ndjék]

arrestation (f)	arrestim (m)	[arɛstím]
arrêter (vt)	arrestoj	[arɛstój]
attraper (~ un criminel)	kap	[kap]
capture (f)	kapje (f)	[kápjɛ]

document (m)	dokument (m)	[dokumént]
preuve (f)	provë (f)	[próvə]
prouver (vt)	dëshmoj	[dəʃmój]

empreinte (f) de pied	gjurmë (f)	[ɟúrmə]
empreintes (f pl) digitales	shenja gishtash (pl)	[ʃéɲa gíʃtaʃ]
élément (m) de preuve	provë (f)	[próvə]

alibi (m)	alibi (f)	[alibí]
innocent (non coupable)	i pafajshëm	[i pafájʃəm]
injustice (f)	padrejtësi (f)	[padrɛjtəsí]
injuste (adj)	i padrejtë	[i padréjtə]

criminel (adj)	kriminale	[kriminálɛ]
confisquer (vt)	konfiskoj	[konfiskój]
drogue (f)	drogë (f)	[drógə]
arme (f)	armë (f)	[ármə]
désarmer (vt)	çarmatos	[tʃarmatós]
ordonner (vt)	urdhëroj	[urðərój]
disparaître (vi)	zhduk	[ʒduk]

loi (f)	ligj (m)	[liɟ]
légal (adj)	ligjor	[liɟór]
illégal (adj)	i paligjshëm	[i palíɟʃəm]

| responsabilité (f) | përgjegjësi (f) | [pərɟɛɟəsí] |
| responsable (adj) | përgjegjës | [pərɟéɟəs] |

LA NATURE

La Terre. Partie 1

164. L'espace cosmique

cosmos (m)	hapësirë (f)	[hapəsírə]
cosmique (adj)	hapësinor	[hapəsinór]
espace (m) cosmique	kozmos (m)	[kozmós]
monde (m)	botë (f)	[bótə]
univers (m)	univers	[univérs]
galaxie (f)	galaksi (f)	[galaksí]
étoile (f)	yll (m)	[yɫ]
constellation (f)	yllësi (f)	[yɫəsí]
planète (f)	planet (m)	[planét]
satellite (m)	satelit (m)	[satɛlít]
météorite (m)	meteor (m)	[mɛtɛór]
comète (f)	kometë (f)	[kométə]
astéroïde (m)	asteroid (m)	[astɛroíd]
orbite (f)	orbitë (f)	[orbítə]
tourner (vi)	rrotullohet	[rrotuɫóhɛt]
atmosphère (f)	atmosferë (f)	[atmosférə]
Soleil (m)	Dielli (m)	[diéɫi]
système (m) solaire	sistemi diellor (m)	[sistémi diɛɫór]
éclipse (f) de soleil	eklips diellor (m)	[ɛklíps diɛɫór]
Terre (f)	Toka (f)	[tóka]
Lune (f)	Hëna (f)	[hɘna]
Mars (m)	Marsi (m)	[mársi]
Vénus (f)	Venera (f)	[vɛnéra]
Jupiter (m)	Jupiteri (m)	[jupitéri]
Saturne (m)	Saturni (m)	[satúrni]
Mercure (m)	Merkuri (m)	[mɛrkúri]
Uranus (m)	Urani (m)	[uráni]
Neptune	Neptuni (m)	[nɛptúni]
Pluton (m)	Pluto (f)	[plúto]
la Voie Lactée	Rruga e Qumështit (f)	[rúga ɛ cúməʃtit]
la Grande Ours	Arusha e Madhe (f)	[arúʃa ɛ máðɛ]
la Polaire	ylli i Veriut (m)	[ýɫi i vériut]
martien (m)	Marsian (m)	[marsián]
extraterrestre (m)	jashtëtokësor (m)	[jaʃtətokəsór]

| alien (m) | alien (m) | [alién] |
| soucoupe (f) volante | disk fluturues (m) | [dísk fluturúɛs] |

vaisseau (m) spatial	anije kozmike (f)	[aníjɛ kozmíkɛ]
station (f) orbitale	stacion kozmik (m)	[statsión kozmík]
lancement (m)	ngritje (f)	[ŋrítjɛ]

moteur (m)	motor (m)	[motór]
tuyère (f)	dizë (f)	[dízə]
carburant (m)	karburant (m)	[karburánt]

cabine (f)	kabinë pilotimi (f)	[kabínə pilotími]
antenne (f)	antenë (f)	[anténə]
hublot (m)	dritare anësore (f)	[dritárɛ anəsórɛ]
batterie (f) solaire	panel solar (m)	[panél solár]
scaphandre (m)	veshje astronauti (f)	[véʃjɛ astronáuti]

| apesanteur (f) | mungesë graviteti (f) | [muŋésə gravitéti] |
| oxygène (m) | oksigjen (m) | [oksiɟén] |

| arrimage (m) | ndërlidhje në hapësirë (f) | [ndərlíðjɛ nə hapəsírə] |
| s'arrimer à ... | stacionohem | [statsionóhɛm] |

observatoire (m)	observator (m)	[obsɛrvatór]
télescope (m)	teleskop (m)	[tɛlɛskóp]
observer (vt)	vëzhgoj	[vəʒgój]
explorer (un cosmos)	eksploroj	[ɛksplorój]

165. La Terre

Terre (f)	Toka (f)	[tóka]
globe (m) terrestre	globi (f)	[glóbi]
planète (f)	planet (m)	[planét]

atmosphère (f)	atmosferë (f)	[atmosférə]
géographie (f)	gjeografi (f)	[ɟɛografí]
nature (f)	natyrë (f)	[natýrə]

globe (m) de table	glob (m)	[glob]
carte (f)	hartë (f)	[hártə]
atlas (m)	atlas (m)	[atlás]

| Europe (f) | Evropa (f) | [ɛvrópa] |
| Asie (f) | Azia (f) | [azía] |

| Afrique (f) | Afrika (f) | [afríka] |
| Australie (f) | Australia (f) | [australía] |

Amérique (f)	Amerika (f)	[amɛríka]
Amérique (f) du Nord	Amerika Veriore (f)	[amɛríka vɛriórɛ]
Amérique (f) du Sud	Amerika Jugore (f)	[amɛríka jugórɛ]

| l'Antarctique (m) | Antarktika (f) | [antarktíka] |
| l'Arctique (m) | Arktiku (m) | [arktíku] |

166. Les quatre parties du monde

nord (m)	veri (m)	[vɛrí]
vers le nord	drejt veriut	[dréjt vériut]
au nord	në veri	[nə vɛrí]
du nord (adj)	verior	[vɛriór]
sud (m)	jug (m)	[jug]
vers le sud	drejt jugut	[dréjt júgut]
au sud	në jug	[nə jug]
du sud (adj)	jugor	[jugór]
ouest (m)	perëndim (m)	[pɛrəndím]
vers l'occident	drejt perëndimit	[dréjt pɛrəndímit]
à l'occident	në perëndim	[nə pɛrəndím]
occidental (adj)	perëndimor	[pɛrəndimór]
est (m)	lindje (f)	[líndjɛ]
vers l'orient	drejt lindjes	[dréjt líndjɛs]
à l'orient	në lindje	[nə líndjɛ]
oriental (adj)	lindor	[lindór]

167. Les océans et les mers

mer (f)	det (m)	[dét]
océan (m)	oqean (m)	[ocɛán]
golfe (m)	gji (m)	[ɟi]
détroit (m)	ngushticë (f)	[ɲuʃtítsə]
terre (f) ferme	tokë (f)	[tókə]
continent (m)	kontinent (m)	[kontinént]
île (f)	ishull (m)	[íʃuɫ]
presqu'île (f)	gadishull (m)	[gadíʃuɫ]
archipel (m)	arkipelag (m)	[arkipɛlág]
baie (f)	gji (m)	[ɟi]
port (m)	port (m)	[port]
lagune (f)	lagunë (f)	[lagúnə]
cap (m)	kep (m)	[kɛp]
atoll (m)	atol (m)	[atól]
récif (m)	shkëmb nënujor (m)	[ʃkəmb nənujór]
corail (m)	koral (m)	[korál]
récif (m) de corail	korale nënujorë (f)	[korálɛ nənujórə]
profond (adj)	i thellë	[i θéɫə]
profondeur (f)	thellësi (f)	[θɛɫəsí]
abîme (m)	humnerë (f)	[humnérə]
fosse (f) océanique	hendek (m)	[hɛndék]
courant (m)	rrymë (f)	[rýmə]
baigner (vt) (mer)	rrethohet	[rɛθóhɛt]

littoral (m)	breg (m)	[brɛg]
côte (f)	bregdet (m)	[brɛgdét]
marée (f) haute	batica (f)	[batítsa]
marée (f) basse	zbaticë (f)	[zbatítsə]
banc (m) de sable	cekëtinë (f)	[tsɛkətínə]
fond (m)	fund i detit (m)	[fúnd i détit]
vague (f)	dallgë (f)	[dáɫgə]
crête (f) de la vague	kreshtë (f)	[kréʃtə]
mousse (f)	shkumë (f)	[ʃkúmə]
tempête (f) en mer	stuhi (f)	[stuhí]
ouragan (m)	uragan (m)	[uragán]
tsunami (m)	cunam (m)	[tsunám]
calme (m)	qetësi (f)	[cɛtəsí]
calme (tranquille)	i qetë	[i cétə]
pôle (m)	pol (m)	[pol]
polaire (adj)	polar	[polár]
latitude (f)	gjerësi (f)	[ɟɛrəsí]
longitude (f)	gjatësi (f)	[ɟatəsí]
parallèle (f)	paralele (f)	[paralélɛ]
équateur (m)	ekuator (m)	[ɛkuatór]
ciel (m)	qiell (m)	[cíɛɫ]
horizon (m)	horizont (m)	[horizónt]
air (m)	ajër (m)	[ájər]
phare (m)	fanar (m)	[fanár]
plonger (vi)	zhytem	[ʒýtɛm]
sombrer (vi)	fundosje	[fundósjɛ]
trésor (m)	thesare (pl)	[θɛsárɛ]

168. Les montagnes

montagne (f)	mal (m)	[mal]
chaîne (f) de montagnes	vargmal (m)	[vargmál]
crête (f)	kresht malor (m)	[kréʃt malór]
sommet (m)	majë (f)	[májə]
pic (m)	maja më e lartë (f)	[mája mə ɛ lártə]
pied (m)	rrëza e malit (f)	[rəza ɛ málit]
pente (f)	shpat (m)	[ʃpat]
volcan (m)	vullkan (m)	[vuɫkán]
volcan (m) actif	vullkan aktiv (m)	[vuɫkán aktív]
volcan (m) éteint	vullkan i fjetur (m)	[vuɫkán i fjétur]
éruption (f)	shpërthim (m)	[ʃpərθím]
cratère (m)	krater (m)	[kratér]
magma (m)	magmë (f)	[mágmə]
lave (f)	llavë (f)	[ɫávə]

en fusion (lave ~)	i shkrirë	[i ʃkrírə]
canyon (m)	kanion (m)	[kanión]
défilé (m) (gorge)	grykë (f)	[grýkə]
crevasse (f)	çarje (f)	[tʃárjɛ]
précipice (m)	humnerë (f)	[humnérə]
col (m) de montagne	kalim (m)	[kalím]
plateau (m)	pllajë (f)	[pɫájə]
rocher (m)	shkëmb (m)	[ʃkəmb]
colline (f)	kodër (f)	[kódər]
glacier (m)	akullnajë (f)	[akuɫnájə]
chute (f) d'eau	ujëvarë (f)	[ujəvárə]
geyser (m)	gejzer (m)	[gɛjzér]
lac (m)	liqen (m)	[licén]
plaine (f)	fushë (f)	[fúʃə]
paysage (m)	peizazh (m)	[pɛizáʒ]
écho (m)	jehonë (f)	[jɛhónə]
alpiniste (m)	alpinist (m)	[alpiníst]
varappeur (m)	alpinist shkëmbßinjsh (m)	[alpiníst ʃkəmbiɲʃ]
conquérir (vt)	pushtoj majën	[puʃtój májən]
ascension (f)	ngjitje (f)	[nɟítjɛ]

169. Les fleuves

rivière (f), fleuve (m)	lum (m)	[lum]
source (f)	burim (m)	[burím]
lit (m) (d'une rivière)	shtrat lumi (m)	[ʃtrat lúmi]
bassin (m)	basen (m)	[basén]
se jeter dans ...	rrjedh ...	[rjéð ...]
affluent (m)	derdhje (f)	[dérðjɛ]
rive (f)	breg (m)	[brɛg]
courant (m)	rrymë (f)	[rýmə]
en aval	rrjedhje e poshtme	[rjéðjɛ ɛ póʃtmɛ]
en amont	rrjedhje e sipërme	[rjéðjɛ ɛ sípərmɛ]
inondation (f)	vërshim (m)	[vərʃím]
les grandes crues	përmbytje (f)	[pərmbýtjɛ]
déborder (vt)	vërshon	[vərʃón]
inonder (vt)	përmbytet	[pərmbýtɛt]
bas-fond (m)	cekëtinë (f)	[tsɛkətínə]
rapide (m)	rrjedhë (f)	[rjéðə]
barrage (m)	digë (f)	[dígə]
canal (m)	kanal (m)	[kanál]
lac (m) de barrage	rezervuar (m)	[rɛzɛrvuár]
écluse (f)	pendë ujore (f)	[péndə ujórɛ]
plan (m) d'eau	plan hidrik (m)	[plan hidrík]
marais (m)	kënetë (f)	[kənétə]

fondrière (f)	moçal (m)	[motʃ ál]
tourbillon (m)	vorbull (f)	[vórbuɫ]
ruisseau (m)	përrua (f)	[pərúa]
potable (adj)	i pijshëm	[i píʃʃəm]
douce (l'eau ~)	i freskët	[i fréskət]
glace (f)	akull (m)	[ákuɫ]
être gelé	ngrihet	[ŋríhɛt]

170. La forêt

forêt (f)	pyll (m)	[pyɫ]
forestier (adj)	pyjor	[pyjór]
fourré (m)	pyll i ngjeshur (m)	[pyɫ i nɟéʃur]
bosquet (m)	zabel (m)	[zabél]
clairière (f)	lëndinë (f)	[ləndínə]
broussailles (f pl)	pyllëz (m)	[pýɫəz]
taillis (m)	shkurre (f)	[ʃkúrɛ]
sentier (m)	shteg (m)	[ʃtɛg]
ravin (m)	hon (m)	[hon]
arbre (m)	pemë (f)	[pémə]
feuille (f)	gjeth (m)	[ɟɛθ]
feuillage (m)	gjethe (pl)	[ɟéθɛ]
chute (f) de feuilles	rënie e gjetheve (f)	[rəníɛ ɛ ɟéθɛvɛ]
tomber (feuilles)	bien	[bíɛn]
sommet (m)	maje (f)	[májɛ]
rameau (m)	degë (f)	[dégə]
branche (f)	degë (f)	[dégə]
bourgeon (m)	syth (m)	[syθ]
aiguille (f)	shtiza pishe (f)	[ʃtíza píʃɛ]
pomme (f) de pin	lule pishe (f)	[lúlɛ píʃɛ]
creux (m)	zgavër (f)	[zgávər]
nid (m)	fole (f)	[folé]
terrier (m) (~ d'un renard)	strofull (f)	[strófuɫ]
tronc (m)	trung (m)	[truŋ]
racine (f)	rrënjë (f)	[réɲə]
écorce (f)	lëvore (f)	[ləvórɛ]
mousse (f)	myshk (m)	[myʃk]
déraciner (vt)	shkul	[ʃkul]
abattre (un arbre)	pres	[prɛs]
déboiser (vt)	shpyllëzoj	[ʃpyɫəzój]
souche (f)	cung (m)	[tsúŋ]
feu (m) de bois	zjarr kampingu (m)	[zjar kampíŋu]
incendie (m)	zjarr në pyll (m)	[zjar nə pyɫ]

éteindre (feu)	**shuaj**	[ʃúaj]
garde (m) forestier	**roje pyjore** (f)	[rójɛ pyjórɛ]
protection (f)	**mbrojtje** (f)	[mbrójtjɛ]
protéger (vt)	**mbroj**	[mbrój]
braconnier (m)	**gjahtar i jashtëligjshëm** (m)	[ɟahtár i jaʃtəlíɟʃəm]
piège (m) à mâchoires	**grackë** (f)	[grátskə]

cueillir (vt)	**mbledh**	[mbléð]
s'égarer (vp)	**humb rrugën**	[húmb rúgən]

171. Les ressources naturelles

ressources (f pl) naturelles	**burime natyrore** (pl)	[burímɛ natyrórɛ]
minéraux (m pl)	**minerale** (pl)	[minɛrálɛ]
gisement (m)	**depozita** (pl)	[dɛpozíta]
champ (m) (~ pétrolifère)	**fushë** (f)	[fúʃə]

extraire (vt)	**nxjerr**	[ndzjér]
extraction (f)	**nxjerrje mineralesh** (f)	[ndzjérjɛ minɛrálɛʃ]
minerai (m)	**xehe** (f)	[dzéhɛ]
mine (f) (site)	**minierë** (f)	[miniérə]
puits (m) de mine	**nivel** (m)	[nivél]
mineur (m)	**minator** (m)	[minatór]

gaz (m)	**gaz** (m)	[gaz]
gazoduc (m)	**gazsjellës** (m)	[gazsjéɫəs]
pétrole (m)	**naftë** (f)	[náftə]
pipeline (m)	**naftësjellës** (f)	[naftəsjéɫəs]
tour (f) de forage	**pus nafte** (m)	[pus náftɛ]
derrick (m)	**burim nafte** (m)	[burím náftɛ]
pétrolier (m)	**anije-cisternë** (f)	[aníjɛ-tsistérnə]

sable (m)	**rërë** (f)	[rərə]
calcaire (m)	**gur gëlqeror** (m)	[gur gəlcɛrór]
gravier (m)	**zhavorr** (m)	[ʒavór]
tourbe (f)	**torfë** (f)	[tórfə]
argile (f)	**argjilë** (f)	[arɟílə]
charbon (m)	**qymyr** (m)	[cymýr]

fer (m)	**hekur** (m)	[hékur]
or (m)	**ar** (m)	[ár]
argent (m)	**argjend** (m)	[arɟénd]
nickel (m)	**nikel** (m)	[nikél]
cuivre (m)	**bakër** (m)	[bákər]

zinc (m)	**zink** (m)	[zink]
manganèse (m)	**mangan** (m)	[maŋán]
mercure (m)	**merkur** (m)	[mɛrkúr]
plomb (m)	**plumb** (m)	[plúmb]

minéral (m)	**mineral** (m)	[minɛrál]
cristal (m)	**kristal** (m)	[kristál]
marbre (m)	**mermer** (m)	[mɛrmér]
uranium (m)	**uranium** (m)	[uraniúm]

La Terre. Partie 2

172. Le temps

temps (m)	moti (m)	[móti]
météo (f)	parashikimi i motit (m)	[paraʃikími i mótit]
température (f)	temperaturë (f)	[tɛmpɛratúrə]
thermomètre (m)	termometër (m)	[tɛrmométər]
baromètre (m)	barometër (m)	[barométər]
humide (adj)	i lagësht	[i lágəʃt]
humidité (f)	lagështi (f)	[lagəʃtí]
chaleur (f) (canicule)	vapë (f)	[vápə]
torride (adj)	shumë nxehtë	[ʃúmə ndzéhtə]
il fait très chaud	është nxehtë	[éʃtə ndzéhtə]
il fait chaud	është ngrohtë	[éʃtə ŋróhtə]
chaud (modérément)	ngrohtë	[ŋróhtə]
il fait froid	bën ftohtë	[bən ftóhtə]
froid (adj)	i ftohtë	[i ftóhtə]
soleil (m)	diell (m)	[díɛɫ]
briller (soleil)	ndriçon	[ndritʃón]
ensoleillé (jour ~)	me diell	[mɛ díɛɫ]
se lever (vp)	agon	[agón]
se coucher (vp)	perëndon	[pɛrəndón]
nuage (m)	re (f)	[rɛ]
nuageux (adj)	vranët	[vránət]
nuée (f)	re shiu (f)	[rɛ ʃíu]
sombre (adj)	vranët	[vránət]
pluie (f)	shi (m)	[ʃi]
il pleut	bie shi	[bíɛ ʃi]
pluvieux (adj)	me shi	[mɛ ʃi]
bruiner (v imp)	shi i imët	[ʃi i ímət]
pluie (f) torrentielle	shi litar (m)	[ʃi litár]
averse (f)	stuhi shiu (f)	[stuhí ʃíu]
forte (la pluie ~)	i fortë	[i fórtə]
flaque (f)	brakë (f)	[brákə]
se faire mouiller	lagem	[lágɛm]
brouillard (m)	mjegull (f)	[mjéguɫ]
brumeux (adj)	e mjegullt	[ɛ mjéguɫt]
neige (f)	borë (f)	[bórə]
il neige	bie borë	[bíɛ bórə]

173. Les intempéries. Les catastrophes naturelles

orage (m)	stuhi (f)	[stuhí]
éclair (m)	vetëtimë (f)	[vɛtətímə]
éclater (foudre)	vetëton	[vɛtətón]
tonnerre (m)	bubullimë (f)	[bubuɫímə]
gronder (tonnerre)	bubullon	[bubuɫón]
le tonnerre gronde	bubullon	[bubuɫón]
grêle (f)	breshër (m)	[bréʃər]
il grêle	po bie breshër	[po biɛ bréʃər]
inonder (vt)	përmbytet	[pərmbýtɛt]
inondation (f)	përmbytje (f)	[pərmbýtjɛ]
tremblement (m) de terre	tërmet (m)	[tərmét]
secousse (f)	lëkundje (f)	[ləkúndjɛ]
épicentre (m)	epiqendër (f)	[ɛpicéndər]
éruption (f)	shpërthim (m)	[ʃpərθím]
lave (f)	llavë (f)	[ɫávə]
tourbillon (m)	vorbull (f)	[vórbuɫ]
tornade (f)	tornado (f)	[tornádo]
typhon (m)	tajfun (m)	[tajfún]
ouragan (m)	uragan (m)	[uragán]
tempête (f)	stuhi (f)	[stuhí]
tsunami (m)	cunam (m)	[tsunám]
cyclone (m)	ciklon (m)	[tsiklón]
intempéries (f pl)	mot i keq (m)	[mot i kɛc]
incendie (m)	zjarr (m)	[zjar]
catastrophe (f)	fatkeqësi (f)	[fatkɛcəsí]
météorite (m)	meteor (m)	[mɛtɛór]
avalanche (f)	ortek (m)	[orték]
éboulement (m)	rrëshqitje bore (f)	[rəʃcítjɛ bórɛ]
blizzard (m)	stuhi bore (f)	[stuhí bórɛ]
tempête (f) de neige	stuhi bore (f)	[stuhí bórɛ]

La faune

174. Les mammifères. Les prédateurs

prédateur (m)	**grabitqar** (m)	[grabitcár]
tigre (m)	**tigër** (m)	[tígər]
lion (m)	**luan** (m)	[luán]
loup (m)	**ujk** (m)	[ujk]
renard (m)	**dhelpër** (f)	[ðélpər]
jaguar (m)	**jaguar** (m)	[jaguár]
léopard (m)	**leopard** (m)	[lɛopárd]
guépard (m)	**gepard** (m)	[gɛpárd]
panthère (f)	**panterë e zezë** (f)	[pantérə ɛ zézə]
puma (m)	**puma** (f)	[púma]
léopard (m) de neiges	**leopard i borës** (m)	[lɛopárd i bórəs]
lynx (m)	**rrëqebull** (m)	[rəcébuɫ]
coyote (m)	**kojotë** (f)	[kojótə]
chacal (m)	**çakall** (m)	[ʧakáɫ]
hyène (f)	**hienë** (f)	[hiénə]

175. Les animaux sauvages

animal (m)	**kafshë** (f)	[káfʃə]
bête (f)	**bishë** (f)	[bíʃə]
écureuil (m)	**ketër** (m)	[kétər]
hérisson (m)	**iriq** (m)	[iríc]
lièvre (m)	**lepur i egër** (m)	[lépur i égər]
lapin (m)	**lepur** (m)	[lépur]
blaireau (m)	**vjedull** (f)	[vjéduɫ]
raton (m)	**rakun** (m)	[rakún]
hamster (m)	**hamster** (m)	[hamstér]
marmotte (f)	**marmot** (m)	[marmót]
taupe (f)	**urith** (m)	[uríθ]
souris (f)	**mi** (m)	[mi]
rat (m)	**mi** (m)	[mi]
chauve-souris (f)	**lakuriq** (m)	[lakuríc]
hermine (f)	**herminë** (f)	[hɛrmínə]
zibeline (f)	**kunadhe** (f)	[kunáðɛ]
martre (f)	**shqarth** (m)	[ʃcarθ]
belette (f)	**nuselalë** (f)	[nusɛlálə]
vison (m)	**vizon** (m)	[vizón]

| castor (m) | kastor (m) | [kastór] |
| loutre (f) | vidër (f) | [vídər] |

cheval (m)	kali (m)	[káli]
élan (m)	dre brilopatë (m)	[drɛ brilopátə]
cerf (m)	dre (f)	[drɛ]
chameau (m)	deve (f)	[dévɛ]

bison (m)	bizon (m)	[bizón]
aurochs (m)	bizon evropian (m)	[bizón ɛvropián]
buffle (m)	buall (m)	[búaɫ]

zèbre (m)	zebër (f)	[zébər]
antilope (f)	antilopë (f)	[antilópə]
chevreuil (m)	dre (f)	[drɛ]
biche (f)	dre ugar (m)	[drɛ ugár]
chamois (m)	kamosh (m)	[kamóʃ]
sanglier (m)	derr i egër (m)	[dér i égər]

baleine (f)	balenë (f)	[balénə]
phoque (m)	fokë (f)	[fókə]
morse (m)	lopë deti (f)	[lópə déti]
ours (m) de mer	fokë (f)	[fókə]
dauphin (m)	delfin (m)	[dɛlfín]

ours (m)	ari (m)	[arí]
ours (m) blanc	ari polar (m)	[arí polár]
panda (m)	panda (f)	[pánda]

singe (m)	majmun (m)	[majmún]
chimpanzé (m)	shimpanze (f)	[ʃimpánzɛ]
orang-outang (m)	orangutan (m)	[oraŋután]
gorille (m)	gorillë (f)	[goríɫə]
macaque (m)	majmun makao (m)	[majmún makáo]
gibbon (m)	gibon (m)	[gibón]

éléphant (m)	elefant (m)	[ɛlɛfánt]
rhinocéros (m)	rinoqeront (m)	[rinocɛrónt]
girafe (f)	gjirafë (f)	[ɟiráfə]
hippopotame (m)	hipopotam (m)	[hipopotám]

| kangourou (m) | kangur (m) | [kaŋúr] |
| koala (m) | koala (f) | [koála] |

mangouste (f)	mangustë (f)	[maŋústə]
chinchilla (m)	çinçila (f)	[tʃintʃíla]
mouffette (f)	qelbës (m)	[célbəs]
porc-épic (m)	ferrëgjatë (m)	[fɛrəɟátə]

176. Les animaux domestiques

chat (m) (femelle)	mace (f)	[mátsɛ]
chat (m) (mâle)	maçok (m)	[matʃók]
chien (m)	qen (m)	[cɛn]

cheval (m)	kali (m)	[káli]
étalon (m)	hamshor (m)	[hamʃór]
jument (f)	pelë (f)	[pélə]

vache (f)	lopë (f)	[lópə]
taureau (m)	dem (m)	[dém]
bœuf (m)	ka (m)	[ka]

brebis (f)	dele (f)	[délɛ]
mouton (m)	dash (m)	[daʃ]
chèvre (f)	dhi (f)	[ði]
bouc (m)	cjap (m)	[tsjáp]

| âne (m) | gomar (m) | [gomár] |
| mulet (m) | mushkë (f) | [múʃkə] |

cochon (m)	derr (m)	[dɛr]
pourceau (m)	derrkuc (m)	[dɛrkúts]
lapin (m)	lepur (m)	[lépur]

| poule (f) | pulë (f) | [púlə] |
| coq (m) | gjel (m) | [ɟél] |

canard (m)	rosë (f)	[rósə]
canard (m) mâle	rosak (m)	[rosák]
oie (f)	patë (f)	[pátə]

| dindon (m) | gjel deti i egër (m) | [ɟél déti i égər] |
| dinde (f) | gjel deti (m) | [ɟél déti] |

animaux (m pl) domestiques	kafshë shtëpiake (f)	[káffə ʃtəpiákɛ]
apprivoisé (adj)	i zbutur	[i zbútur]
apprivoiser (vt)	zbus	[zbus]
élever (vt)	rrit	[rit]

ferme (f)	fermë (f)	[férmə]
volaille (f)	pulari (f)	[pularí]
bétail (m)	bagëti (f)	[bagətí]
troupeau (m)	kope (f)	[kopé]

écurie (f)	stallë (f)	[stáłə]
porcherie (f)	stallë e derrave (f)	[stáłə ɛ dérave]
vacherie (f)	stallë e lopëve (f)	[stáłə ɛ lópəvɛ]
cabane (f) à lapins	kolibe lepujsh (f)	[kolíbɛ lépujʃ]
poulailler (m)	kotec (m)	[kotéts]

177. Le chien. Les races

chien (m)	qen (m)	[cɛn]
berger (m)	qen dhensh (m)	[cɛn ðɛnʃ]
berger (m) allemand	pastor gjerman (m)	[pastór ɟɛrmán]
caniche (f)	pudël (f)	[púdəl]
teckel (m)	dakshund (m)	[dákshund]
bouledogue (m)	bulldog (m)	[bułdóg]

boxer (m)	bokser (m)	[boksér]
mastiff (m)	mastif (m)	[mastíf]
rottweiler (m)	rotvailer (m)	[rotvailér]
doberman (m)	doberman (m)	[dobɛrmán]
basset (m)	baset (m)	[basét]
bobtail (m)	bishtshkurtër (m)	[biʃtʃkúrtər]
dalmatien (m)	dalmat (m)	[dalmát]
cocker (m)	koker spaniel (m)	[kokér spaniél]
terre-neuve (m)	terranova (f)	[tɛranóva]
saint-bernard (m)	Seint-Bernard (m)	[séint-bɛrnárd]
husky (m)	haski (m)	[háski]
chow-chow (m)	çau çau (m)	[tʃáu tʃáu]
spitz (m)	dhelpërush (m)	[ðɛlpərúʃ]
carlin (m)	karlino (m)	[karlíno]

178. Les cris des animaux

aboiement (m)	lehje (f)	[léhjɛ]
aboyer (vi)	leh	[lɛh]
miauler (vi)	mjaullin	[mjauɫín]
ronronner (vi)	gërhimë	[gərhímə]
meugler (vi)	bën mu	[bən mú]
beugler (taureau)	pëllet	[pəɫét]
rugir (chien)	hungërin	[huŋərín]
hurlement (m)	hungërimë (f)	[huŋərímə]
hurler (loup)	hungëroj	[huŋərój]
geindre (vi)	angullin	[aŋuɫín]
bêler (vi)	blegërin	[blɛgərín]
grogner (cochon)	hungërin	[huŋərín]
glapir (cochon)	klith	[kliθ]
coasser (vi)	bën kuak	[bən kuák]
bourdonner (vi)	zukat	[zukát]
striduler (vi)	gumëzhin	[gumeʒín]

179. Les oiseaux

oiseau (m)	zog (m)	[zog]
pigeon (m)	pëllumb (m)	[pəɫúmb]
moineau (m)	harabel (m)	[harabél]
mésange (f)	xhixhimës (m)	[dʒidʒimés]
pie (f)	laraskë (f)	[laráskə]
corbeau (m)	korb (m)	[korb]
corneille (f)	sorrë (f)	[sórə]
choucas (m)	galë (f)	[gálə]

freux (m)	sorrë (f)	[sórə]
canard (m)	rosë (f)	[rósə]
oie (f)	patë (f)	[pátə]
faisan (m)	fazan (m)	[fazán]

aigle (m)	shqiponjë (f)	[ʃcipóɲə]
épervier (m)	gjeraqinë (f)	[ɟɛracínə]
faucon (m)	fajkua (f)	[fajkúa]

| vautour (m) | hutë (f) | [hútə] |
| condor (m) | kondor (m) | [kondór] |

cygne (m)	mjellmë (f)	[mjéɫmə]
grue (f)	lejlek (m)	[lɛjlék]
cigogne (f)	lejlek (m)	[lɛjlék]

perroquet (m)	papagall (m)	[papagáɫ]
colibri (m)	kolibri (m)	[kolíbri]
paon (m)	pallua (m)	[paɫúa]

| autruche (f) | struc (m) | [struts] |
| héron (m) | çafkë (f) | [tʃáfkə] |

| flamant (m) | flamingo (m) | [flamíɲo] |
| pélican (m) | pelikan (m) | [pɛlikán] |

| rossignol (m) | bilbil (m) | [bilbíl] |
| hirondelle (f) | dallëndyshe (f) | [daɫəndýʃɛ] |

merle (m)	mëllenjë (f)	[məténə]
grive (f)	grifsha (f)	[gríʃʃa]
merle (m) noir	mëllenjë (f)	[məténə]

martinet (m)	dallëndyshe (f)	[daɫəndýʃɛ]
alouette (f) des champs	thëllëzë (f)	[θəɫézə]
caille (f)	trumcak (m)	[trumtsák]

pivert (m)	qukapik (m)	[cukapík]
coucou (m)	kukuvajkë (f)	[kukuvájkə]
chouette (f)	buf (m)	[buf]
hibou (m)	buf mbretëror (m)	[buf mbrɛtərór]
tétras (m)	fazan i pyllit (m)	[fazán i pýɫit]

| tétras-lyre (m) | fazan i zi (m) | [fazán i zí] |
| perdrix (f) | thëllëzë (f) | [θəɫézə] |

étourneau (m)	gargull (m)	[gárguɫ]
canari (m)	kanarinë (f)	[kanarínə]
gélinotte (f) des bois	fazan mali (m)	[fazán máli]

| pinson (m) | trishtil (m) | [triʃtíl] |
| bouvreuil (m) | trishtil dimri (m) | [triʃtíl dímri] |

mouette (f)	pulëbardhë (f)	[puləbárðə]
albatros (m)	albatros (m)	[albatrós]
pingouin (m)	penguin (m)	[pɛɲuín]

180. Les oiseaux. Le chant, les cris

chanter (vi)	këndoj	[kəndój]
crier (vi)	thërras	[θərás]
chanter (le coq)	kakaris	[kakarís]
cocorico (m)	kikiriku	[kikiríku]
glousser (vi)	kakaris	[kakarís]
croasser (vi)	krokas	[krokás]
cancaner (vi)	bën kuak kuak	[bən kuák kuák]
piauler (vi)	pisket	[piskét]
pépier (vi)	cicëroj	[tsitsərój]

181. Les poissons. Les animaux marins

brème (f)	krapuliq (m)	[krapulíc]
carpe (f)	krap (m)	[krap]
perche (f)	perç (m)	[pɛrtʃ]
silure (m)	mustak (m)	[musták]
brochet (m)	mlysh (m)	[mlýʃ]
saumon (m)	salmon (m)	[salmón]
esturgeon (m)	bli (m)	[blí]
hareng (m)	harengë (f)	[haréŋə]
saumon (m) atlantique	salmon Atlantiku (m)	[salmón atlantíku]
maquereau (m)	skumbri (m)	[skúmbri]
flet (m)	shojzë (f)	[ʃójzə]
sandre (f)	troftë (f)	[tróftə]
morue (f)	merluc (m)	[mɛrlúts]
thon (m)	tunë (f)	[túnə]
truite (f)	troftë (f)	[tróftə]
anguille (f)	ngjalë (f)	[nɟálə]
torpille (f)	peshk elektrik (m)	[pɛʃk ɛlɛktrík]
murène (f)	ngjalë morel (f)	[nɟálə morél]
piranha (m)	piranja (f)	[piráɲa]
requin (m)	peshkaqen (m)	[pɛʃkacén]
dauphin (m)	delfin (m)	[dɛlfín]
baleine (f)	balenë (f)	[balénə]
crabe (m)	gaforre (f)	[gafórɛ]
méduse (f)	kandil deti (m)	[kandíl déti]
pieuvre (f), poulpe (m)	oktapod (m)	[oktapód]
étoile (f) de mer	yll deti (m)	[yɫ déti]
oursin (m)	iriq deti (m)	[iríc déti]
hippocampe (m)	kalë deti (m)	[kálə déti]
huître (f)	midhje (f)	[míðjɛ]
crevette (f)	karkalec (m)	[karkaléts]

| homard (m) | karavidhe (f) | [karavíðɛ] |
| langoustine (f) | karavidhe (f) | [karavíðɛ] |

182. Les amphibiens. Les reptiles

| serpent (m) | gjarpër (m) | [ɟárpər] |
| venimeux (adj) | helmues | [hɛlmúɛs] |

vipère (f)	nepërka (f)	[nɛpérka]
cobra (m)	kobra (f)	[kóbra]
python (m)	piton (m)	[pitón]
boa (m)	boa (f)	[bóa]

couleuvre (f)	kular (m)	[kulár]
serpent (m) à sonnettes	gjarpër me zile (m)	[ɟárpər mɛ zílɛ]
anaconda (m)	anakonda (f)	[anakónda]

lézard (m)	hardhucë (f)	[harðútsə]
iguane (m)	iguana (f)	[iguána]
varan (m)	varan (m)	[varán]
salamandre (f)	salamandër (f)	[salamándər]
caméléon (m)	kameleon (m)	[kamɛlɛón]
scorpion (m)	akrep (m)	[akrép]

tortue (f)	breshkë (f)	[bréʃkə]
grenouille (f)	bretkosë (f)	[brɛtkósə]
crapaud (m)	zhabë (f)	[ʒábə]
crocodile (m)	krokodil (m)	[krokodíl]

183. Les insectes

insecte (m)	insekt (m)	[Insékt]
papillon (m)	flutur (f)	[flútur]
fourmi (f)	milingonë (f)	[miliŋónə]
mouche (f)	mizë (f)	[mízə]
moustique (m)	mushkonjë (f)	[muʃkóɲə]
scarabée (m)	brumbull (m)	[brúmbuɫ]

guêpe (f)	grerëz (f)	[grérəz]
abeille (f)	bletë (f)	[blétə]
bourdon (m)	greth (m)	[grɛθ]
œstre (m)	zekth (m)	[zɛkθ]

| araignée (f) | merimangë (f) | [mɛrimáɲə] |
| toile (f) d'araignée | rrjetë merimange (f) | [rjétə mɛrimáɲɛ] |

libellule (f)	pilivesë (f)	[pilivésə]
sauterelle (f)	karkalec (m)	[karkaléts]
papillon (m)	molë (f)	[mólə]

| cafard (m) | kacabu (f) | [katsabú] |
| tique (f) | rriqër (m) | [rícər] |

puce (f)	plesht (m)	[plɛʃt]
moucheron (m)	mushicë (f)	[muʃítsə]

criquet (m)	gjinkallë (f)	[ɟinkáɫə]
escargot (m)	kërmill (m)	[kərmíɫ]
grillon (m)	bulkth (m)	[búlkθ]
luciole (f)	xixëllonjë (f)	[dzidzəɫóɲə]
coccinelle (f)	mollëkuqe (f)	[moɫəkúcɛ]
hanneton (m)	vizhë (f)	[víʒə]

sangsue (f)	shushunjë (f)	[ʃuʃúɲə]
chenille (f)	vemje (f)	[vémjɛ]
ver (m)	krimb toke (m)	[krímb tókɛ]
larve (f)	larvë (f)	[lárvə]

184. Les parties du corps des animaux

bec (m)	sqep (m)	[scɛp]
ailes (f pl)	flatra (pl)	[flátra]
patte (f)	këmbë (f)	[kémbə]
plumage (m)	pupla (pl)	[púpla]
plume (f)	pupël (f)	[púpəl]
houppe (f)	kreshtë (f)	[kréʃtə]

ouïes (f pl)	velëz (f)	[véləz]
œufs (m pl)	vezë peshku (f)	[vézə péʃku]
larve (f)	larvë (f)	[lárvə]
nageoire (f)	krah (m)	[krah]
écaille (f)	luspë (f)	[lúspə]

croc (m)	dhëmb prerës (m)	[ðəmb prérəs]
patte (f)	shputë (f)	[ʃpútə]
museau (m)	turi (m)	[turí]
gueule (f)	gojë (f)	[gójə]
queue (f)	bisht (m)	[biʃt]
moustaches (f pl)	mustaqe (f)	[mustácɛ]

sabot (m)	thundër (f)	[θúndər]
corne (f)	bri (m)	[brí]

carapace (f)	karapaks (m)	[karapáks]
coquillage (m)	guaskë (f)	[guáskə]
coquille (f) d'œuf	lëvozhgë veze (f)	[ləvóʒgə vézɛ]

poil (m)	qime (f)	[címɛ]
peau (f)	lëkurë kafshe (f)	[ləkúrə káfʃɛ]

185. Les habitats des animaux

habitat (m) naturel	banesë (f)	[banésə]
migration (f)	migrim (m)	[migrím]
montagne (f)	mal (m)	[mal]

récif (m)	shkëmb nënujor (m)	[ʃkəmb nənujór]
rocher (m)	shkëmb (m)	[ʃkəmb]
forêt (f)	pyll (m)	[pyɫ]
jungle (f)	xhungël (f)	[dʒúŋəl]
savane (f)	savana (f)	[savána]
toundra (f)	tundra (f)	[túndra]
steppe (f)	stepa (f)	[stépa]
désert (m)	shkretëtirë (f)	[ʃkrɛtətírə]
oasis (f)	oazë (f)	[oázə]
mer (f)	det (m)	[dét]
lac (m)	liqen (m)	[licén]
océan (m)	oqean (m)	[ocɛán]
marais (m)	kënetë (f)	[kənétə]
d'eau douce (adj)	ujëra të ëmbla	[újəra tə əmbla]
étang (m)	pellg (m)	[pɛɫg]
rivière (f), fleuve (m)	lum (m)	[lum]
tanière (f)	strofull (f)	[stRófuɫ]
nid (m)	fole (f)	[folé]
creux (m)	zgavër (f)	[zgávəR]
terrier (m) (~ d'un renard)	strofull (f)	[stRófuɫ]
fourmilière (f)	mal milingonash (m)	[mal miliŋónaʃ]

La flore

186. Les arbres

arbre (m)	pemë (f)	[pémə]
à feuilles caduques	gjethor	[ɟεθór]
conifère (adj)	halor	[halór]
à feuilles persistantes	përherë të gjelbra	[pərhérə tə ɟélbra]
pommier (m)	pemë molle (f)	[pémə mółɛ]
poirier (m)	pemë dardhe (f)	[pémə dárðɛ]
merisier (m)	pemë qershie (f)	[pémə cɛrʃíɛ]
cerisier (m)	pemë qershi vishnje (f)	[pémə cɛrʃí víʃɲɛ]
prunier (m)	pemë kumbulle (f)	[pémə kúmbułɛ]
bouleau (m)	mështekna (f)	[məʃtékna]
chêne (m)	lis (m)	[lis]
tilleul (m)	bli (m)	[blí]
tremble (m)	plep i egër (m)	[plɛp i égər]
érable (m)	panjë (f)	[páɲə]
épicéa (m)	bredh (m)	[brɛð]
pin (m)	pishë (f)	[píʃə]
mélèze (m)	larsh (m)	[lárʃ]
sapin (m)	bredh i bardhë (m)	[brɛð i bárðə]
cèdre (m)	kedër (m)	[kédər]
peuplier (m)	plep (m)	[plɛp]
sorbier (m)	vadhë (f)	[váðə]
saule (m)	shelg (m)	[ʃɛlg]
aune (m)	verr (m)	[vɛr]
hêtre (m)	ah (m)	[ah]
orme (m)	elm (m)	[élm]
frêne (m)	shelg (m)	[ʃɛlg]
marronnier (m)	gështenjë (f)	[gəʃtéɲə]
magnolia (m)	manjolia (f)	[maɲólia]
palmier (m)	palma (f)	[pálma]
cyprès (m)	qiparis (m)	[ciparís]
palétuvier (m)	rizoforë (f)	[rizofórə]
baobab (m)	baobab (m)	[baobáb]
eucalyptus (m)	eukalipt (m)	[ɛukalípt]
séquoia (m)	sekuojë (f)	[sɛkuójə]

187. Les arbustes

buisson (m)	shkurre (f)	[ʃkúrɛ]
arbrisseau (m)	kaçube (f)	[katʃúbɛ]

T&P Books. Vocabulaire Français-Albanais pour l'autoformation - 7000 mots

vigne (f)	hardhi (f)	[harðí]
vigne (f) (vignoble)	vreshtë (f)	[vréʃtə]

framboise (f)	mjedër (f)	[mjédər]
cassis (m)	kaliboba e zezë (f)	[kalibóba ɛ zézə]
groseille (f) rouge	kaliboba e kuqe (f)	[kalibóba ɛ kúcɛ]
groseille (f) verte	shkurre kulumbrie (f)	[ʃkúrɛ kulumbríɛ]

acacia (m)	akacie (f)	[akátsiɛ]
berbéris (m)	krespinë (f)	[krɛspínə]
jasmin (m)	jasemin (m)	[jasɛmín]

genévrier (m)	dëllinjë (f)	[dəłíɲə]
rosier (m)	trëndafil (m)	[trəndafíl]
églantier (m)	trëndafil i egër (m)	[trəndafíl i égər]

188. Les champignons

champignon (m)	kërpudhë (f)	[kərpúðə]
champignon (m) comestible	kërpudhë ushqyese (f)	[kərpúðə uʃcýɛsɛ]
champignon (m) vénéneux	kërpudhë helmuese (f)	[kərpúðə hɛlmúɛsɛ]
chapeau (m)	koka e kërpudhës (f)	[kóka ɛ kərpúðəs]
pied (m)	bishti i kërpudhës (m)	[bíʃti i kərpúðəs]

cèpe (m)	porcini (m)	[portsíni]
bolet (m) orangé	kërpudhë kapuç-verdhë (f)	[kərpúðə kapútʃ-vérðə]
bolet (m) bai	porcinela (f)	[portsinéla]
girolle (f)	shanterele (f)	[ʃantɛrélɛ]
russule (f)	rusula (f)	[rúsula]

morille (f)	morele (f)	[morélɛ]
amanite (f) tue-mouches	kësulkuqe (f)	[kəsulkúcɛ]
oronge (f) verte	kërpudha e vdekjes (f)	[kərpúða ɛ vdékjɛs]

189. Les fruits. Les baies

fruit (m)	frut (m)	[frut]
fruits (m pl)	fruta (pl)	[frúta]

pomme (f)	mollë (f)	[móɫə]
poire (f)	dardhë (f)	[dárðə]
prune (f)	kumbull (f)	[kúmbuɫ]

fraise (f)	luleshtrydhe (f)	[lulɛʃtrýðɛ]
cerise (f)	qershi vishnje (f)	[cɛrʃí víʃɲɛ]
merise (f)	qershi (f)	[cɛrʃí]
raisin (m)	rrush (m)	[ruʃ]

framboise (f)	mjedër (f)	[mjédər]
cassis (m)	kaliboba e zezë (f)	[kalibóba ɛ zézə]
groseille (f) rouge	kaliboba e kuqe (f)	[kalibóba ɛ kúcɛ]
groseille (f) verte	kulumbri (f)	[kulumbrí]

canneberge (f)	boronica (f)	[boronítsa]
orange (f)	portokall (m)	[portokáł]
mandarine (f)	mandarinë (f)	[mandarínə]
ananas (m)	ananas (m)	[ananás]
banane (f)	banane (f)	[banánɛ]
datte (f)	hurmë (f)	[húrmə]

citron (m)	limon (m)	[limón]
abricot (m)	kajsi (f)	[kajsí]
pêche (f)	pjeshkë (f)	[pjéʃkə]
kiwi (m)	kivi (m)	[kívi]
pamplemousse (m)	grejpfrut (m)	[grɛjpfrút]

baie (f)	manë (f)	[mánə]
baies (f pl)	mana (f)	[mána]
airelle (f) rouge	boronicë mirtile (f)	[boronítsə mirtílɛ]
fraise (f) des bois	luleshtrydhe e egër (f)	[lulɛʃtrýðɛ ɛ égər]
myrtille (f)	boronicë (f)	[boronítsə]

190. Les fleurs. Les plantes

fleur (f)	lule (f)	[lúlɛ]
bouquet (m)	buqetë (f)	[bucétə]

rose (f)	trëndafil (m)	[trəndafíl]
tulipe (f)	tulipan (m)	[tulipán]
oeillet (m)	karafil (m)	[karafíl]
glaïeul (m)	gladiolë (f)	[gladiólə]

bleuet (m)	lule misri (f)	[lúlɛ mísri]
campanule (f)	lule këmborë (f)	[lúlɛ kəmbórə]
dent-de-lion (f)	luleradhiqe (f)	[lulɛraðícɛ]
marguerite (f)	kamomil (m)	[kamomíl]

aloès (m)	aloe (f)	[alóɛ]
cactus (m)	kaktus (m)	[kaktús]
ficus (m)	fikus (m)	[fíkus]

lis (m)	zambak (m)	[zambák]
géranium (m)	barbarozë (f)	[barbarózə]
jacinthe (f)	zymbyl (m)	[zymbýl]

mimosa (m)	mimoza (f)	[mimóza]
jonquille (f)	narcis (m)	[nartsís]
capucine (f)	lule këmbore (f)	[lúlɛ kəmbórɛ]

orchidée (f)	orkide (f)	[orkidé]
pivoine (f)	bozhure (f)	[boʒúrɛ]
violette (f)	vjollcë (f)	[vjółtsə]

pensée (f)	lule vjollca (f)	[lúlɛ vjółtsa]
myosotis (m)	mosmëharro (f)	[mosməharó]
pâquerette (f)	margaritë (f)	[margarítə]
coquelicot (m)	lulëkuqe (f)	[luləkúcɛ]

chanvre (m)	kërp (m)	[kǽrp]
menthe (f)	mendër (f)	[méndər]

muguet (m)	zambak i fushës (m)	[zambák i fúʃəs]
perce-neige (f)	luleborë (f)	[lulɛbórə]

ortie (f)	hithra (f)	[híθra]
oseille (f)	lëpjeta (f)	[ləpjéta]
nénuphar (m)	zambak uji (m)	[zambák új i]
fougère (f)	fier (m)	[fíɛr]
lichen (m)	likene (f)	[likénɛ]

serre (f) tropicale	serrë (f)	[sérə]
gazon (m)	lëndinë (f)	[ləndínə]
parterre (m) de fleurs	kënd lulishteje (m)	[kənd lulíʃtɛjɛ]

plante (f)	bimë (f)	[bímə]
herbe (f)	bar (m)	[bar]
brin (m) d'herbe	fije bari (f)	[fíjɛ bári]

feuille (f)	gjeth (m)	[ɟɛθ]
pétale (m)	petale (f)	[pɛtálɛ]
tige (f)	bisht (m)	[biʃt]
tubercule (m)	zhardhok (m)	[ʒarðók]

pousse (f)	filiz (m)	[filíz]
épine (f)	gjemb (m)	[ɟémb]

fleurir (vi)	lulëzoj	[luləzój]
se faner (vp)	vyshket	[výʃkɛt]
odeur (f)	aromë (f)	[arómə]
couper (vt)	pres lulet	[prɛs lúlɛt]
cueillir (fleurs)	mbledh lule	[mbléð lúlɛ]

191. Les cêrêales

grains (m pl)	drithë (m)	[dríθə]
céréales (f pl) (plantes)	drithëra (pl)	[díθəra]
épi (m)	kaush (m)	[kaúʃ]

blé (m)	grurë (f)	[grúrə]
seigle (m)	thekër (f)	[θékər]
avoine (f)	tërshërë (f)	[tərʃérə]
millet (m)	mel (m)	[mɛl]
orge (f)	elb (m)	[ɛlb]
maïs (m)	misër (m)	[mísər]
riz (m)	oriz (m)	[oríz]
sarrasin (m)	hikërr (m)	[híkər]

pois (m)	bizele (f)	[bizélɛ]
haricot (m)	groshë (f)	[gróʃə]
soja (m)	sojë (f)	[sójə]
lentille (f)	thjerrëz (f)	[θjérəz]
fèves (f pl)	fasule (f)	[fasúlɛ]

LA GÉOGRAPHIE RÉGIONALE

Les pays du monde. Les nationalités

192. La politique. Le gouvernement. Partie 1

politique (f)	politikë (f)	[politíkə]
politique (adj)	politike	[politíkɛ]
homme (m) politique	politikan (m)	[politikán]
état (m)	shtet (m)	[ʃtɛt]
citoyen (m)	nënshtetas (m)	[nənʃtétas]
citoyenneté (f)	nënshtetësi (f)	[nənʃtɛtəsí]
armoiries (f pl) nationales	simbol kombëtar (m)	[simból kombətár]
hymne (m) national	himni kombëtar (m)	[hímni kombətár]
gouvernement (m)	qeveri (f)	[cɛvɛrí]
chef (m) d'état	kreu i shtetit (m)	[kréu i ʃtétit]
parlement (m)	parlament (m)	[parlamént]
parti (m)	parti (f)	[partí]
capitalisme (m)	kapitalizëm (m)	[kapitalízəm]
capitaliste (adj)	kapitalist	[kapitalíst]
socialisme (m)	socializëm (m)	[sotsialízəm]
socialiste (adj)	socialist	[sotsialíst]
communisme (m)	komunizëm (m)	[komunízəm]
communiste (adj)	komunist	[komuníst]
communiste (m)	komunist (m)	[komuníst]
démocratie (f)	demokraci (f)	[dɛmokratsí]
démocrate (m)	demokrat (m)	[dɛmokrát]
démocratique (adj)	demokratik	[dɛmokratík]
parti (m) démocratique	parti demokratike (f)	[partí dɛmokratíkɛ]
libéral (m)	liberal (m)	[libɛrál]
libéral (adj)	liberal	[libɛrál]
conservateur (m)	konservativ (m)	[konsɛrvatív]
conservateur (adj)	konservativ	[konsɛrvatív]
république (f)	republikë (f)	[rɛpublíkə]
républicain (m)	republikan (m)	[rɛpublikán]
parti (m) républicain	parti republikane (f)	[partí rɛpublikánɛ]
élections (f pl)	zgjedhje (f)	[zɟéðjɛ]
élire (vt)	zgjedh	[zɟɛð]

électeur (m)	zgjedhës (m)	[zɟéðəs]
campagne (f) électorale	fushatë zgjedhore (f)	[fuʃátə zɟɛðórɛ]
vote (m)	votim (m)	[votím]
voter (vi)	votoj	[votój]
droit (m) de vote	e drejta e votës (f)	[ɛ dréjta ɛ vótəs]
candidat (m)	kandidat (m)	[kandidát]
poser sa candidature	jam kandidat	[jam kandidát]
campagne (f)	fushatë (f)	[fuʃátə]
d'opposition (adj)	opozitar	[opozitár]
opposition (f)	opozitë (f)	[opozítə]
visite (f)	vizitë (f)	[vizítə]
visite (f) officielle	vizitë zyrtare (f)	[vizítə zyrtárɛ]
international (adj)	ndërkombëtar	[ndərkombətár]
négociations (f pl)	negociata (f)	[nɛgotsiáta]
négocier (vi)	negocioj	[nɛgotsiój]

193. La politique. Le gouvernement. Partie 2

société (f)	shoqëri (f)	[ʃocərí]
constitution (f)	kushtetutë (f)	[kuʃtɛtútə]
pouvoir (m)	pushtet (m)	[puʃtét]
corruption (f)	korrupsion (m)	[korupsión]
loi (f)	ligj (m)	[liɟ]
légal (adj)	ligjor	[liɟór]
justice (f)	drejtësi (f)	[drɛjtəsí]
juste (adj)	e drejtë	[ɛ dréjtə]
comité (m)	komitet (m)	[komitét]
projet (m) de loi	projektligj (m)	[projɛktlíɟ]
budget (m)	buxhet (m)	[budʒét]
politique (f)	politikë (f)	[politíkə]
réforme (f)	reformë (f)	[rɛfórmə]
radical (adj)	radikal	[radikál]
puissance (f)	fuqi (f)	[fucí]
puissant (adj)	i fuqishëm	[i fucíʃəm]
partisan (m)	mbështetës (m)	[mbəʃtétəs]
influence (f)	ndikim (m)	[ndikím]
régime (m)	regjim (m)	[rɛɟím]
conflit (m)	konflikt (m)	[konflíkt]
complot (m)	komplot (m)	[komplót]
provocation (f)	provokim (m)	[provokím]
renverser (le régime)	rrëzoj	[rəzój]
renversement (m)	rrëzim (m)	[rəzím]
révolution (f)	revolucion (m)	[rɛvolutsión]

coup (m) d'État	grusht shteti (m)	[grúʃt ʃtéti]
coup (m) d'État militaire	puç ushtarak (m)	[putʃ uʃtarák]
crise (f)	krizë (f)	[krízə]
baisse (f) économique	recesion ekonomik (m)	[rɛtsɛsión ɛkonomík]
manifestant (m)	protestues (m)	[protɛstúɛs]
manifestation (f)	protestë (f)	[protéstə]
loi (f) martiale	ligj ushtarak (m)	[liɉ uʃtarák]
base (f) militaire	bazë ushtarake (f)	[bázə uʃtarákɛ]
stabilité (f)	stabilitet (m)	[stabilitét]
stable (adj)	stabil	[stabíl]
exploitation (f)	shfrytëzim (m)	[ʃfrytəzím]
exploiter (vt)	shfrytëzoj	[ʃfrytəzój]
racisme (m)	racizëm (m)	[ratsízəm]
raciste (m)	racist (m)	[ratsíst]
fascisme (m)	fashizëm (m)	[faʃízəm]
fasciste (m)	fashist (m)	[faʃíst]

194. Les différents pays du monde. Divers

étranger (m)	i huaj (m)	[i húaj]
étranger (adj)	huaj	[húaj]
à l'étranger (adv)	jashtë shteti	[jáʃtə ʃtéti]
émigré (m)	emigrant (m)	[ɛmigránt]
émigration (f)	emigracion (m)	[ɛmigratsión]
émigrer (vi)	emigroj	[ɛmigrój]
Ouest (m)	Perëndimi (m)	[pɛrəndími]
Est (m)	Lindja (f)	[líndja]
Extrême Orient (m)	Lindja e Largët (f)	[líndja ɛ lárgət]
civilisation (f)	civilizim (m)	[tsivilizím]
humanité (f)	njerëzia (f)	[ɲɛrəzía]
monde (m)	bota (f)	[bóta]
paix (f)	paqe (f)	[pácɛ]
mondial (adj)	botëror	[botərór]
patrie (f)	atdhe (f)	[atðé]
peuple (m)	njerëz (m)	[ɲérəz]
population (f)	popullsi (f)	[popuɫsí]
gens (m pl)	njerëz (m)	[ɲérəz]
nation (f)	komb (m)	[komb]
génération (f)	brez (m)	[brɛz]
territoire (m)	zonë (f)	[zónə]
région (f)	rajon (m)	[rajón]
état (m) (partie du pays)	shtet (m)	[ʃtɛt]
tradition (f)	traditë (f)	[tradítə]
coutume (f)	zakon (m)	[zakón]

écologie (f)	ekologjia (f)	[ɛkoloʝía]
indien (m)	Indian të Amerikës (m)	[indián tə amɛríkəs]
bohémien (m)	jevg (m)	[jɛvg]
bohémienne (f)	jevge (f)	[jévgɛ]
bohémien (adj)	jevg	[jɛvg]

empire (m)	perandori (f)	[pɛrandorí]
colonie (f)	koloni (f)	[kolóní]
esclavage (m)	skllevëri (m)	[sklɛvərí]
invasion (f)	pushtim (m)	[puʃtím]
famine (f)	uria (f)	[uría]

195. Les groupes religieux. Les confessions

religion (f)	religjion (m)	[rɛliʝión]
religieux (adj)	religjioz	[rɛliʝióz]

foi (f)	fe, besim (m)	[fé], [bɛsím]
croire (en Dieu)	besoj	[bɛsój]
croyant (m)	besimtar (m)	[bɛsimtár]

athéisme (m)	ateizëm (m)	[atɛízəm]
athée (m)	ateist (m)	[atɛíst]

christianisme (m)	Krishterimi (m)	[kriʃtɛrími]
chrétien (m)	i krishterë (m)	[i kriʃtérə]
chrétien (adj)	krishterë	[kriʃtérə]

catholicisme (m)	Katolicizëm (m)	[katolitsízəm]
catholique (m)	Katolik (m)	[katolík]
catholique (adj)	katolik	[katolík]

protestantisme (m)	Protestantizëm (m)	[protɛstantízəm]
Église (f) protestante	Kishë Protestante (f)	[kíʃə protɛstántɛ]
protestant (m)	Protestant (m)	[protɛstánt]

Orthodoxie (f)	Ortodoksia (f)	[ortodoksía]
Église (f) orthodoxe	Kishë Ortodokse (f)	[kíʃə ortodóksɛ]
orthodoxe (m)	Ortodoks (m)	[ortodóks]

Presbytérianisme (m)	Presbiterian (m)	[prɛsbitɛrián]
Église (f) presbytérienne	Kishë Presbiteriane (f)	[kíʃə prɛsbitɛriánɛ]
presbytérien (m)	Presbiterian (m)	[prɛsbitɛrián]

Église (f) luthérienne	Luterianizëm (m)	[lutɛrianízəm]
luthérien (m)	Luterian (m)	[lutɛrián]

Baptisme (m)	Kishë Baptiste (f)	[kíʃə baptístɛ]
baptiste (m)	Baptist (m)	[baptíst]

Église (f) anglicane	Kishë Anglikane (f)	[kíʃə aŋlikánɛ]
anglican (m)	Anglikan (m)	[aŋlikán]
Mormonisme (m)	Mormonizëm (m)	[mormonízəm]
mormon (m)	Mormon (m)	[mormón]

| judaïsme (m) | Judaizëm (m) | [judaízəm] |
| juif (m) | çifut (m) | [tʃifút] |

| Bouddhisme (m) | Budizëm (m) | [budízəm] |
| bouddhiste (m) | Budist (m) | [budíst] |

| hindouisme (m) | Hinduizëm (m) | [hinduízəm] |
| hindouiste (m) | Hindu (m) | [híndu] |

islam (m)	Islam (m)	[islám]
musulman (m)	Mysliman (m)	[myslimán]
musulman (adj)	Mysliman	[myslimán]

| Chiisme (m) | Islami Shia (m) | [islámi ʃía] |
| chiite (m) | Shiitë (f) | [ʃíitə] |

| Sunnisme (m) | Islami Suni (m) | [islámi súni] |
| sunnite (m) | Sunit (m) | [sunít] |

196. Les principales religions. Le clergé

| prêtre (m) | prift (m) | [prift] |
| Pape (m) | Papa (f) | [pápa] |

moine (m)	murg, frat (m)	[murg], [frat]
bonne sœur (f)	murgeshë (f)	[murgéʃə]
pasteur (m)	pastor (m)	[pastór]

abbé (m)	abat (m)	[abát]
vicaire (m)	famullitar (m)	[famuɫitár]
évêque (m)	peshkop (m)	[pɛʃkóp]
cardinal (m)	kardinal (m)	[kardinál]

prédicateur (m)	predikues (m)	[prɛdikúɛs]
sermon (m)	predikim (m)	[prɛdikím]
paroissiens (m pl)	faullistë (f)	[fauɫístə]

| croyant (m) | besimtar (m) | [bɛsimtár] |
| athée (m) | ateist (m) | [atɛíst] |

197. La foi. Le Christianisme. L'Islam

| Adam | Adam (m) | [adám] |
| Ève | eva (f) | [éva] |

Dieu (m)	Zot (m)	[zot]
le Seigneur	Zoti (m)	[zóti]
le Tout-Puissant	i Plotfuqishmi (m)	[i plotfucíʃmi]

péché (m)	mëkat (m)	[məkát]
pécher (vi)	mëkatoj	[məkatój]
pécheur (m)	mëkatar (m)	[məkatár]

pécheresse (f)	mëkatare (f)	[məkatárɛ]
enfer (m)	ferr (m)	[fɛr]
paradis (m)	parajsë (f)	[parájsə]
Jésus	Jezus (m)	[jézus]
Jésus Christ	Jezu Krishti (m)	[jézu kríʃti]
le Saint-Esprit	Shpirti i Shenjtë (m)	[ʃpírti i ʃéɲtə]
le Sauveur	Shpëtimtar (m)	[ʃpətimtár]
la Sainte Vierge	e Virgjëra Meri (f)	[ɛ vírɟəra méri]
le Diable	Djalli (m)	[djáɫi]
diabolique (adj)	i djallit	[i djáɫit]
Satan	Satani (m)	[satáni]
satanique (adj)	satanik	[sataník]
ange (m)	engjëll (m)	[éɲɟəɫ]
ange (m) gardien	engjëlli mbrojtës (m)	[éɲɟəɫi mbrójtəs]
angélique (adj)	engjëllor	[ɛɲɟəɫór]
apôtre (m)	apostull (m)	[apóstuɫ]
archange (m)	kryeengjëll (m)	[kryɛéɲɟəɫ]
antéchrist (m)	Antikrishti (m)	[antikríʃti]
Église (f)	Kishë (f)	[kíʃə]
Bible (f)	Bibla (f)	[bíbla]
biblique (adj)	biblik	[biblík]
Ancien Testament (m)	Dhiata e Vjetër (f)	[ðiáta ɛ vjétər]
Nouveau Testament (m)	Dhiata e Re (f)	[ðiáta ɛ ré]
Évangile (m)	ungjill (m)	[unɟíɫ]
Sainte Écriture (f)	Libri i Shenjtë (m)	[líbri i ʃéɲtə]
Cieux (m pl)	parajsa (f)	[parájsa]
commandement (m)	urdhëresë (f)	[urðərésə]
prophète (m)	profet (m)	[profét]
prophétie (f)	profeci (f)	[profɛtsí]
Allah	Allah (m)	[aɫáh]
Mahomet	Muhamed (m)	[muhaméd]
le Coran	Kurani (m)	[kuráni]
mosquée (f)	xhami (f)	[dʒamí]
mulla (m)	hoxhë (m)	[hódʒə]
prière (f)	lutje (f)	[lútjɛ]
prier (~ Dieu)	lutem	[lútɛm]
pèlerinage (m)	pelegrinazh (m)	[pɛlɛɡrináʒ]
pèlerin (m)	pelegrin (m)	[pɛlɛɡrín]
La Mecque	Mekë (f)	[mékə]
église (f)	kishë (f)	[kíʃə]
temple (m)	tempull (m)	[témpuɫ]
cathédrale (f)	katedrale (f)	[katɛdrálɛ]
gothique (adj)	Gotik	[gotík]
synagogue (f)	sinagogë (f)	[sinagógə]

mosquée (f)	**xhami** (f)	[dʒamí]
chapelle (f)	**kishëz** (m)	[kíʃəz]
abbaye (f)	**abaci** (f)	[ábatsi]
monastère (m)	**manastir** (m)	[manastír]
cloche (f)	**kambanë** (f)	[kambánə]
clocher (m)	**kulla e kambanës** (f)	[kúɫa ɛ kambánəs]
sonner (vi)	**bien**	[bíɛn]
croix (f)	**kryq** (m)	[kryc]
coupole (f)	**kupola** (f)	[kupóla]
icône (f)	**ikona** (f)	[ikóna]
âme (f)	**shpirt** (m)	[ʃpirt]
sort (m) (destin)	**fat** (m)	[fat]
mal (m)	**e keqe** (f)	[ɛ kécɛ]
bien (m)	**e mirë** (f)	[ɛ mírə]
vampire (m)	**vampir** (m)	[vampír]
sorcière (f)	**shtrigë** (f)	[ʃtrígə]
démon (m)	**djall** (m)	[djáɫ]
esprit (m)	**shpirt** (m)	[ʃpirt]
rachat (m)	**shëlbim** (m)	[ʃəlbím]
racheter (pécheur)	**shëlbej**	[ʃəlbéj]
office (m), messe (f)	**meshë** (f)	[méʃə]
dire la messe	**lus meshë**	[lús méʃə]
confession (f)	**rrëfim** (m)	[rəfím]
se confesser (vp)	**rrëfej**	[rəféj]
saint (m)	**shenjt** (m)	[ʃɛɲt]
sacré (adj)	**i shenjtë**	[i ʃéɲtə]
l'eau bénite	**ujë i bekuar** (m)	[újə i bɛkúaɾ]
rite (m)	**ritual** (m)	[rituáɫ]
rituel (adj)	**ritual**	[rituáɫ]
sacrifice (m)	**sakrificë** (f)	[sakrifítsə]
superstition (f)	**besëtytni** (f)	[bɛsətytní]
superstitieux (adj)	**supersticioz**	[supɛrstitsióz]
vie (f) après la mort	**jeta e përtejme** (f)	[jéta ɛ pərtéjmɛ]
vie (f) éternelle	**përjetësia** (f)	[pərjɛtəsía]

DIVERS

198. Quelques mots et formules utiles

aide (f)	ndihmë (f)	[ndíhmə]
arrêt (m) (pause)	pauzë (f)	[paúzə]
balance (f)	ekuilibër (m)	[ɛkuilíbər]
barrière (f)	pengesë (f)	[pɛŋésə]
base (f)	bazë (f)	[bázə]
catégorie (f)	kategori (f)	[katɛgorí]
cause (f)	shkak (m)	[ʃkak]
choix (m)	zgjedhje (f)	[zɟéðjɛ]
chose (f) (objet)	gjë (f)	[ɟə]
coïncidence (f)	rastësi (f)	[rastəsí]
comparaison (f)	krahasim (m)	[krahasím]
compensation (f)	shpërblim (m)	[ʃpərblím]
confortable (adj)	i rehatshëm	[i rɛhátʃəm]
croissance (f)	rritje (f)	[rítjɛ]
début (m)	fillim (m)	[fiɫím]
degré (m) (~ de liberté)	nivel (m)	[nivél]
développement (m)	zhvillim (m)	[ʒviɫím]
différence (f)	ndryshim (m)	[ndryʃím]
d'urgence (adv)	urgjentisht	[urɟentíʃt]
effet (m)	efekt (m)	[ɛfékt]
effort (m)	përpjekje (f)	[pərpjékjɛ]
élément (m)	element (m)	[ɛlɛmént]
exemple (m)	shembull (m)	[ʃémbuɫ]
fait (m)	fakt (m)	[fakt]
faute, erreur (f)	gabim (m)	[gabím]
fin (f)	fund (m)	[fund]
fond (m) (arrière-plan)	sfond (m)	[sfónd]
forme (f)	formë (f)	[fórmə]
fréquent (adj)	i shpeshtë	[i ʃpéʃtə]
genre (m) (type, sorte)	tip (m)	[tip]
idéal (m)	ideal (m)	[idɛál]
labyrinthe (m)	labirint (m)	[labirínt]
mode (m) (méthode)	rrugëzgjidhje (f)	[rugəzɟíðjɛ]
moment (m)	moment (m)	[momént]
objet (m)	objekt (m)	[objékt]
obstacle (m)	pengesë (f)	[pɛŋésə]
original (m)	origjinal (m)	[oriɟinál]
part (f)	pjesë (f)	[pjésə]
particule (f)	grimcë (f)	[grímtsə]

pause (f)	pushim (m)	[puʃím]
position (f)	pozicion (m)	[pozitsión]
principe (m)	parim (m)	[parím]
problème (m)	problem (m)	[problém]
processus (m)	proces (m)	[protsés]
progrès (m)	ecje përpara (f)	[étsjɛ pərpára]
propriété (f) (qualité)	cilësi (f)	[tsiləsí]
réaction (f)	reagim (m)	[rɛagím]
risque (m)	rrezik (m)	[rɛzík]
secret (m)	sekret (m)	[sɛkrét]
série (f)	seri (f)	[sɛrí]
situation (f)	situatë (f)	[situátə]
solution (f)	zgjidhje (f)	[zɟíðjɛ]
standard (adj)	standard	[standárd]
standard (m)	standard (m)	[standárd]
style (m)	stil (m)	[stil]
système (m)	sistem (m)	[sistém]
tableau (m) (grille)	tabelë (f)	[tabélə]
tempo (m)	ritëm (m)	[rítəm]
terme (m)	term (m)	[tɛrm]
tour (m) (attends ton ~)	kthesë (f)	[kθésə]
type (m) (~ de sport)	lloj (m)	[łoj]
urgent (adj)	urgjent	[urɟént]
utilité (f)	vegël (f)	[végəl]
vérité (f)	e vërtetë (f)	[ɛ vərtétə]
version (f)	variant (m)	[variánt]
zone (f)	zonë (f)	[zónə]